21世纪大学俄语系列教材　　总主编　孙玉华　邓　军

 普通高等教育"十一五"国家级规划教材

学生用书

Русский язык

俄语 ⑤

（全新版）

黑龙江大学俄语学院　编

主编　邓　军　郝　斌　赵　为

本册主编　王铭玉

编者　白文昌　李玉萍　梁艳　Г.И.Фаустова

 北京大学出版社
PEKING UNIVERSITY PRESS

图书在版编目(CIP)数据

俄语（5）（全新版）/ 王铭玉 主编. —北京：北京大学出版社，2010.10
(21世纪大学俄语系列教材)
ISBN 978-7-301-17733-4

Ⅰ.①俄… Ⅱ.①王… Ⅲ.①俄语—高等学校—教材 Ⅳ.①H35

中国版本图书馆CIP数据核字（2010）第172122号

书　　　名	俄语（5）（全新版）
	EYU
著作责任者	王铭玉　主编
责任编辑	李　哲
标准书号	ISBN 978-7-301-17733-4/H·2632
出版发行	北京大学出版社
地　　　址	北京市海淀区成府路205号　100871
网　　　址	http://www.pup.cn　　新浪微博：@北京大学出版社
电子信箱	pup_russian@163.com
电　　　话	邮购部 62752015　发行部 62750672　编辑部 62759634
印　刷　者	北京鑫海金澳胶印有限公司
经　销　者	新华书店
	787毫米×1092毫米　16开本　10.75印张　230千字
	2010年10月第1版　2018年9月第4次印刷
定　　　价	35.00元

未经许可，不得以任何方式复制或抄袭本书之部分或全部内容。
版权所有，侵权必究
举报电话：010-62752024　电子信箱：fd@pup.pku.edu.cn
图书如有印装质量问题，请与出版部联系，电话：010-62756370

21世纪大学俄语系列教材

总主编　孙玉华　邓军
顾　问　白春仁　李明滨　张会森

编委会（以汉语拼音为序）

丛亚萍　山东大学
邓　军　黑龙江大学
刘　宏　大连外国语学院
刘利民　首都师范大学
苗幽燕　吉林大学
史铁强　北京外国语大学
孙玉华　大连外国语学院
王加兴　南京大学
王铭玉　天津外国语大学
王松亭　解放军外国语学院
王仰正　浙江大学
夏忠宪　北京师范大学
杨　杰　厦门大学
张　冰　北京大学出版社
张　杰　南京师范大学
查晓燕　北京大学
赵　红　西安外国语大学
赵爱国　苏州大学
赵秋野　哈尔滨师范大学
郑体武　上海外国语大学

总 序

　　黑龙江大学俄语学院有六十余年的俄语教学历史，在长期的俄语教学实践中形成了一整套独具特色的教学方法，并在此基础上编写出俄语专业系列教材，被国内多所院校俄语专业采用。其中《俄语》曾在全国专业俄语和非专业俄语范围内广泛使用，通过这套教材培养出了数以万计的俄语高级人才。

　　黑龙江大学俄语教材编写原则历来是从我国俄语的教学实情出发，兼顾不同起点学生的俄语学习需求。在总结多年教学经验的基础上，本套《俄语》(全新版)依旧采用低起点教学原则，从语音导论开始，到最后篇章修研结束。编写主线仍以语法为纲，酌情引入不同专题内容。低年级阶段以教学语法为基础，高年级阶段以功能语法为纲，以适合众多俄语相关专业基础阶段和提高阶段的使用。

　　本教材参考目前俄罗斯新教材的编写原则，紧密联系中国国情，结合黑龙江大学多年来的俄语教学实际，注重日常生活交际，突出实用性。保障常用词汇数量，保障典型句式数量。教材内容更贴近生活、更贴近现实，使学生可以通过本套教材的学习，了解俄罗斯人的生活习俗、行为方式、思想方法以及人际交流模式。

　　教材在编写原则上力求反映出21世纪俄罗斯风貌、当今时代俄语最新变化。本教材在充分领会新教学大纲的基础上，以最新的外语教学理论为指导，在编写理念、选取素材、结构设计等方面都力求体现和满足俄语专业最新的教学要求，集多种教学模式和教学手段为一体，顺应社会和时代的发展的潮流，突出素质教育思想，注重教授语言知识与培养言语技能的有机结合。

　　本教材共分为8册，包括学生用书、教师用书、配套光盘、电子课件等相关配套出版物。其中1—4册为基础阶段使用，5—8册为提高阶段用书。对于非俄语专业学生来说，1—4册的内容足以为其以后阅读专业教材打下良好的基础。5—6册中适量选用了不同专业方向的素材，以有助于不同专业的学生以后的专业资料阅读和把握。而对于以俄语为专业的学生来说，我们认为，除熟练地掌握前6册内容之外，熟悉7—8册的内容对他们未来顺利的工作将不无裨益。

　　本套《俄语》(全新版)被教育部批准为普通高等教育"十一五"国家级规划教材。编者在编写过程中得到中俄高校专家教师的大力支持和关注，特别是任课院校教师的反馈意见和建议，使我们的编写工作更有针对性，更能反映教学的需求，我们对此深表谢忱！

邓军　郝斌　赵为

2008 年 4 月

前言

《俄语》(全新版)的学习对象是俄语专业零起点的大学生。第五册供第三学年第一学期使用。本教材也适用于自考生和其他俄语爱好者。

本册分为10课。每课包括主课文、注释、词表、练习、副课文等内容。主课文选取了10篇能体现出俄罗斯特色的当代优秀政论、科普和文艺作品，涵盖多种功能语体，使学生既能了解俄语口语的基本特点，又能接触科学语体等书面语材料，有助于不同志向的学生在未来的学习和工作中对相应资料的阅读和把握。词表部分对生词采用了双语注解，旨在培养学生用俄语理解、解释词汇和表达的能力，也有助于学生更准确地理解和掌握所学内容。练习部分突出训练学生用俄语解释各种生活现象的能力，并通过构词练习训练学生对词汇进行分析的能力。副课文选取了俄罗斯当代社会生活中部分时尚话题，希望在帮助学生增长语言知识的同时，提高其对当代俄罗斯社会文化的兴趣。

本册主编王铭玉，编者白文昌、李玉萍、梁艳、Галина Ивановна Фаустова，邓军教授对本书进行了审阅。

编　者
2010年8月

УРОК 1 1
  Текст 1 Современная молодёжь 1
  Текст 2 Без комплексов 12
УРОК 2 15
  Текст 1 Мендельсон отдыхает 15
  Текст 2 Россию спасёт семья 25
УРОК 3 29
  Текст 1 Как стать счастливым 29
  Текст 2 Счастье не купишь 39
  Текст 3 Счастье можно купить за деньги, но не так, как вы думаете ... 40
УРОК 4 43
  Текст 1 Русская культура в современном мире 43
  Текст 2 Зеркало души русских (I) 57
УРОК 5 59
  Текст 1 Формы получения образования 59
  Текст 2 Зеркало души русских (II) 74
УРОК 6 76
  Текст 1 Я есть, ты есть, он есть 76
  Текст 2 Кому отдастся Ларина Татьяна? 89
УРОК 7 93
  Текст 1 Как гены лягут... 93
  Текст 2 Не спешите 108
УРОК 8 111
  Текст 1 Детство лицом в монитор 111
  Текст 2 Что такое фитнес? 122
УРОК 9 125
  Текст 1 Хочу за границу 125
  Текст 2 Пять шагов в другую профессию (I) 141
УРОК 10 143
  Текст 1 Двадцать первый век 143
  Текст 2 Пять шагов в другую профессию (II) 155
СЛОВАРЬ 158

УРОК 1

Текст 1

Современная молодёжь

Проблемы молодёжи волновали общество во все времена, и тогда, когда современные старики были молодыми, и когда их родителям было по восемнадцать, и они только выбирали, по какой дороге им пойти. Проблема молодёжи-одна из основных, потому что, как ни банально это звучит, за нею будущее. Но «век нынешний» и «век минувший» всегда в противоречии. То, что убеленным сединами[1] кажется необходимым, для молодых людей звучит глупо и смешно. И так будет всегда. Но почему нам кажется, что старшее поколение всегда не право, что ищет истоки проблем, когда они на поверхности или ищет их не там? Наверное, потому, что в сегодняшней молодёжи не так сильно развито чувство ответственности, или оно ещё не сильно укоренилось в молодых душах. Когда тебе восемнадцать лет, то кажется, что вся жизнь впереди, и если и сделаешь какие-либо ошибки, впереди есть столько времени, чтобы их исправить.

Но в жизни все иначе. Проблема наркомании и смертности очень остро стоит сегодня. Острота её связана ещё и с тем, что это в основном беда молодых. Отчаявшиеся, никому не нужные подростки, не нужные в первую очередь себе, пытаются найти успокоение в граммах и килограммах наркотиков. Им кажется, что ничего не стоит попробовать один раз, а потом остановиться. Но мы все хорошо знаем, что это не так. Старшее поколение, врачи и психологи, знают, что даже одна инъекция способна превратить всю жизнь в череду дней[2], проводимых в поисках очередной порции наркотика. Наркоманы — это люди, добровольно согласившиеся прожить только пять лет после первой «дозы», потому что пять лет — это предел, отпущенный наркоману[3]. И именно в решении этой проблемы необходима помощь старшего поколения: психологическая, моральная и медицинская. И эта проблема решается, хотя и не так скоро, как хотелось бы.

Неразрывно связана с наркоманией проблема самоопределения и поиска себя в жизни, потеря ответственности и будущего. На самом деле это страшно. Человек, разуверившийся в себе и своих силах, — это опасный человек. Опасный, прежде всего, для себя. А сегодняшней молодёжи это свойственно. Здесь тоже необходима помощь взрослых. Объяснить молодому человеку, что всё в его силах, что стоит только захотеть и приложить усилия, и дело начнёт подвигаться. Не нужно потакать юношескому максимализму, принцип которого или всё, или ничего[4]. Нет, лучше спокойно и ненавязчиво объяснить, что если каждый день делать один шаг к чему-то желаемому, то через год будет уже триста шестьдесят пять шагов, а это, согласитесь, немало. Корни любых проблем лежат в психологии[5], в сознании человека, и если хочется что-либо изменить в жизни, то начинать нужно, прежде всего, с изменения себя и своего отношения к миру.

Но не стоит думать, что современная молодёжь только употребляет наркотики и бесцельно ищет, чем бы заняться в жизни. Это не так! Очень многие в наше время обладают огромной жаждой учиться. И это замечательно! Есть все же целеустремлённые люди, которые учатся в нескольких университетах, подрабатывают по вечерам, а в выходные пишут статьи для публикаций в толстые научные журналы. Именно за такими будущее. Но здесь тоже существуют проблемы. Такие молодые люди, например, не видят своего будущего в России. Защитив кандидатскую, они понимают, что прожить на скромную зарплату кандидата наук практически невозможно. На Западе они были бы уважаемыми людьми, университеты выделяли бы им стипендии на проведение исследований, например, в области генной инженерии, и различные институты приглашали бы читать лекции для своих сотрудников. В России всё по-другому. Однако, не все уезжают на Запад, соблазнившись быстрым заработком, многие остаются и продолжают тянуть российскую науку вперёд. Оценят ли их? Не разуверятся ли они в своих силах? Неизвестно, но это — ещё одна проблема современной молодёжи, и над ней стоит очень серьёзно подумать.

Действительно, проблемы, волнующие современную молодёжь, многообразны. Сегодняшние молодые люди кажутся намного взрослее своих сверстников 60-х или 70-х годов. Но это означает также и то, что сегодняшняя молодёжь умнеет

и понимает, что надеяться кроме как на себя не на кого. Вот это и есть тот переломный пункт. Поняв это, кто-то ступает на скользкий путь забвения, а кто-то упорно, изо всех сил продолжает бороться. И те, кто продолжает бороться, поистине заслуживают уважения.

Наверное, проблема безопасности также волнует сегодняшнюю молодёжь. Безопасности не только физической, но и социальной защищённости. Они, эти проблемы молодёжи, все те же самые, что и у старшего поколения, и совершенно ничем не отличаются. Просто в молодости всё воспринимается намного острее, чем в зрелые годы, и хочется всё сделать сразу. Но, в общем и целом, наша сегодняшняя молодёжь прекрасна. В рядах её мы всё же видим больше студентов, чем неучащихся, больше работающих, чем наркоманов, больше богатых, чем бедных. И это не может не радовать. А пока они продолжают жить и радоваться жизни, и решать насущные проблемы. И они решат их, ибо «дорогу осилит идущий».

В целом современную молодёжь можно разбить на ряд групп согласно их жизненным притязаниям.

Первый тип можно условно назвать «семейными» (13%). Это молодые люди, которые в первую очередь говорят о том, что хотят и считают, что им по силам создать прочную семью и воспитать хороших детей.

«Труженики» (17%) — это та часть молодёжи, которая заявляет о том, что им по силам получить хорошее образование, престижную и интересную работу, заниматься любимым делом.

Третья группа, «предприимчивые» (20%), — это россияне в возрасте от 17 до 26 лет, которые говорят о том, что они в силах добиться создания собственного бизнеса, посещения разных стран мира, достижения богатства и материального достатка.

Четвёртая группа — «гедонисты» (10%), молодые россияне, которые в первую очередь рассчитывают иметь много свободного времени и проводить его в своё удовольствие.

При этом значительную часть молодёжи (19%) составляют «максималисты», которые рассчитывают достичь успехов практически во всех сферах.

Существует и группа «карьеристов» (6%): это молодёжь, которая полагает, что ей по силам достичь результатов во многих сферах жизни, но не стремится жить в своё удовольствие или быть самому себе хозяином. По сути, они в чём-то схожи с «предприимчивыми». Но если для последних бизнес — больше работа и возможность обеспечить себе безбедное существование, то для первых это ещё и возможность реализации честолюбивых планов: стать известными, обладать властью и т. д.

«Отчаявшаяся» молодёжь (5%) – седьмая группа – не видит в себе сил достичь тех или иных успехов, а «тщеславные» (1%) – восьмая группа – рассчитывают стать знаменитыми, сделать карьеру и иметь доступ к власти.

Какие приоритеты у молодых людей в возрасте 16 — 25 лет? Чего хотят, к чему стремятся?

Социологи провели опрос, всё выяснили, разложили по полочкам. И вот что получилось.

19% молодёжи — «белые воротнички[6]». Считают, что главное в жизни — самореализация. Для них важно хорошее образование. Ориентируются на западный образ жизни.

16% — прирождённые начальники. Интересуются политикой, готовы вступить в партию. На первом месте для них — возможность руководить, престиж и карьера, а личную жизнь они оставляют на потом — когда всё будет заработано.

20% — «накопители». Для них главное деньги. Учёба, отношения со сверстниками — на втором плане, лишь бы хорошо платили.

17% — реалисты. Те, кого не волнует ни построение карьеры, ни заоблачная зарплата. Главное — быть поближе к дому и иметь больше свободного времени. Остальное придёт само.

13% — романтики. Уверены, что работа должна быть интересной и приносить пользу людям. Основные составляющие их жизни — стабильные отношения, семья, дети. Интересно, что большинство романтиков — девушки.

Мне они кажутся целеустремлёнными и знающими к чему стремиться людьми, они выбирают специальность исходя из практических соображений, те, кто учится — пытаются чему-то научиться.

Молодёжь разная. Классная и ужасная. Классная стремиться, чтобы у них всё было лучше, чем у всех (в хорошем смысле слова). Лучшая работа, перспективная, красивая дорогая одежда, интересные, верные друзья. И ужасная, которая не

УРОК 1

видит прелестей жизни. Сплошное хамство, наркота, бездушие, полное безразличие. Лень и слепота!

Такая же неоднозначная, как сама матушка Россия.

КОММЕНТАРИИ

1. убеленные сединами — люди пожилого возраста.

2. череда дней — сменяющие друг друга дни.

3. предел, отпущенный наркоману — время, которое наркоман сможет прожить.

4. принцип которого или всё, или ничего — принцип молодых: иметь сразу всё или ничего не нужно.

5. Корни любых проблем лежат в психологии — основу любых проблем можно понять с помощью психологии.

6. белый воротничок — калька с англ. *white-collar worker*, обозначающая сотрудника, занимающегося нефизическим трудом (служащего) в противоположность синим воротничкам (рабочим).

СЛОВАРЬ

банальный: заурядный, хорошо известный, неоригинальный. 平常的, 平庸的; 陈腐的, 老生常谈的

укорениться[完]; укореняться[未]: прижиться, укрепиться корнями в почве; внедриться, прочно установиться, войти в обычай. 生根;(思想、习惯等)深入(人心、生活等)

наркомания: заболевание, заключающееся в болезненном влечении к употреблению наркотиков. 麻醉剂瘾, 毒瘾

инъекция: введение лекарственной жидкости под кожу, в мышцу, вену. 注射

доза: точно отмеренное количество лекарства для приёма или введения в организм. (一次、一昼夜服的)药量; 剂量

разувериться[完]; разуверяться[未]: (в ком-чём) перестать быть уверенным в ком-чём-л. 不再相信；放弃（……信念）

потакать[未]: (кому в чём 或 чему) потворствовать, снисходительно относиться к кому-, чему-л. (обычно плохому, предосудительному). 〈口〉放任；姑息

максимализм: чрезмерная крайность во взглядах, требованиях и т.п. 〈书〉极端主义，最高纲领主义

навязчивый: надоедливо пристающий с чем-л. 纠缠不休地；胡搅蛮缠地

гены: материальные носители наследственности в животных или растительных организмах. [复] 基因

инженерия: инженерное творчество, инженерное дело. 〈旧〉工程学；工程技术

соблазниться[完]; соблазняться[未]: склониться к чему-л., не устоять перед каким-л. желанием, влечением. 为……所诱惑；着魔

сверстник: человек, одинакового с кем-л. возраста; ровесник. 同岁的人，同龄人

забвение: пренебрежение чем-л., невнимание к чему-л. 漠视，不在意，玩世不恭

насущный: имеющий важное жизненное значение, безусловно необходимый. 迫切的，必不可少的

притязание: предъявление своих прав на что-л., стремление получить что-л., добиться чего-л. 要求，谋求

предприимчивый: энергичный, находчивый и изобретательный, обладающий практической смёткой. 有事业心的；很有办法的，精明强干的

гедонист: сторонник гедонизма, направления в этике, признающего наслаждение высшим благом, целью жизни. 享乐主义者

честолюбивый: отличающийся честолюбием; проникнутый честолюбием. 好虚荣的；沽名钓誉的

тщеславный: стремящийся к славе, к почестям, исполненный тщеславия. 虚荣心重的

хамство: некультурность, невежество, свойственные бессовестному, наглому человеку. 蛮横无礼；无耻行为

неоднозначный: допускающий различное понимание, оценку и т.п. 意义不同的，难以定性的

УРОК 1

ВОПРОСЫ К ТЕКСТУ

1) Почему проблемы молодёжи волновали общество всегда?
2) Какая проблема российской молодёжи является очень острой? Почему?
3) Почему человек, разуверившийся в себе и своих силах, — опасный человек, и что нужно делать, чтобы он поверил в себя?
4) За какой молодёжью будущее? Какие проблемы возникают у этой молодёжи?
5) На какие группы, по мнению автора, можно условно разбить современную молодёжь?
6) К чему стремятся молодые люди?

ЗАДАНИЯ

I. Замените выделенные слова или словосочетания синонимическими.

1) <u>Проблема</u> наркомании и смертности очень <u>остро стоит</u> сегодня.
2) Личную жизнь они <u>оставляют на потом</u> — когда всё будет заработано.
3) Учёба, отношения со сверстниками — <u>на втором плане</u>.
4) Они выбирают специальность <u>исходя из практических соображений</u>.
5) То, что <u>убелённым сединами</u> кажется необходимым, для молодых людей звучит глупо и смешно.
6) Неразрывно связана с наркоманией <u>проблема самоопределения и поиска себя в жизни</u>, потеря ответственности и будущего.
7) Многие остаются и продолжают <u>тянуть российскую науку вперёд</u>.
8) Корни любых проблем <u>лежат в психологии</u>, в сознании человека, и если хочется что-либо изменить в жизни, то начинать нужно, прежде всего, <u>с изменения себя</u> и <u>своего отношения к миру</u>.

II. Прочитайте следующие предложения, обращая внимание на выделенные слова и обороты. Переведите предложения на китайский язык.

1) Погибший пилот сделал всё, что было <u>в его силах</u>, чтобы предотвратить эту

катастрофу.

2) В его жизни происходят изменения, которые он не в силах контролировать.

3) Спортсмены уверены, что на предстоящей Олимпиаде им по силам выиграть 50 медалей.

4) По мнению американцев, их стране по силам любые проблемы.

5) Это — ещё одна проблема современной молодёжи, и над ней стоит очень серьёзно подумать.

6) Рынок снижается, и не стоит спешить с покупками.

7) Стоит вам только увидеть этот автомобиль, как он тут же завоевывает ваше признание.

8) И только стоит девочке с кем-нибудь заговорить, слышится душераздирающий крик «Иди сюда!»

9) Однако, не все уезжают на Запад, соблазнившись быстрым заработком, многие остаются и продолжают тянуть российскую науку вперёд.

10) Наверное, потому, что в сегодняшней молодёжи не так сильно развито чувство ответственности, или оно ещё не сильно укоренилось в молодых душах.

III. Объясните своими словами значение данных выражений в тексте, составьте с ними предложения.

1) переломный пункт
2) заоблачная зарплата
3) череда дней
4) быть самому себе хозяином
5) человек, разуверившийся в себе и своих силах
6) истоки проблем
7) первая «доза»
8) потакать юношескому максимализму
9) жизненные притязания
10) реализация честолюбивых планов
11) все выяснить, разложить по полочкам

IV. Найдите в словаре данные слова, составьте с ними словосочетания.

лицемерие, меркантильность, надрываться, предки, привилегия, обрекать, комплекс, инъекция, наркомания, очередной, сплошной

V. Подберите однокоренные слова к данным, составьте с ними предложения.

слова	однокоренные слова
укорениться	
разувериться	
максимализм	
соблазниться	
попробовать	
успокоение	
бесцельно	
воспринимать	
подрабатывать	
тщеславный	
отчаяться	
заоблачный	
неоднозначный	
инженерия	
наркоман	

VI. Подберите сложные слова с первой частью много…, например «многообразный». Какое общее значение у всех этих слов?

VII. Определите и сопоставьте значения глагола *писать* с разными приставками.

вписать – вписывать, выписать – выписывать, выписаться – выписываться, дописать – дописывать, записать – записывать, записаться – записываться, исписать – исписывать, надписать – надписывать, написать, описать – описывать, описаться, переписать – переписывать, переписываться, подписать – подписывать, подписаться – подписываться, приписать – приписывать, прописать – прописывать, прописаться – прописываться, расписаться – расписываться, списать – списывать

VIII. Вставьте вместо точек глагол *писать* с разными приставками.

1) ... и проанализируйте какие-нибудь события, связанные с опасностями в сфере экономики.

2) Отдавая в юмористические журналы свои рассказы, А.П.Чехов ... разными псевдонимами.

3) Он иногда открывал большой словарь, ... из него нужные значения встреченного слова на карточку и продолжал читать документ далее.

4) Сочинения ему не удавались, и на этот раз он решил ... всё из учебников.

5) Скажите, кому из живущих ныне ... фразу: «Не женское это дело – детей рожать!»?

6) После двух операций Андрей быстро поправился. На днях он ... из больницы.

7) На листе бумаги, ... автором с обеих сторон, также есть исправления и заметки, выделенные красными чернилами.

8) Три года назад Екатерина Петрова ... из маминой квартиры. Теперь она хочет узнать, является ли она наследником, если не ... в её квартире, но ... в ордер?

9) Актёр достал свою фотографию и ... на ней: Господину Иванову с благодарностью за спасение!

IX. Исходя из данных ситуаций, ответьте на вопросы. В ответах употребите глагол *писать* с приставками.

1) Ваш друг уехал за границу учиться. Что вы делаете, чтобы узнать о его жизни за границей?

2) Вы неправильно заполнили заявление. О чём вас попросит сотрудник милиции?

3) Вы получаете стипендию. О чём вас просит кассир?

4) Мы можем забыть номер телефона. Что мы сделаем?

5) В упражнении даны прилагательные без окончаний. Какое задание даст вам преподаватель?

6) Переписывая список желающих пойти на спектакль, староста пропустил одну фамилию. Что ему придётся сделать?

7) Вы хотите регулярно получать журнал или газету. Что вам надо сделать?

УРОК 1

8) Студенты хотят принять участие в коллективной экскурсии. Что они скажут организатору экскурсии?

9) Вы заболели и обратились к врачу. Что сделал врач, осмотрев вас?

10) Что вы делаете при получении регистрируемого почтового отправления?

X. Напишите небольшой текст, стараясь употребить все данные выражения или конструкции.

Группа А	Группа Б
как ни ... это звучит;	не мешало бы;
тот же самый..., что и ...;	хочешь – верь, хочешь – нет;
первый..., последний...;	во что бы то ни стало;
лишь бы;	добиться своего;
кроме как;	смеяться последним;

XI. Переведите предложения на русский язык.

1) 官本位观念在很多中国人的心里已经根深蒂固,所以"学而优则仕"就成了很多学子和领导的自然选择。

2) 今天,就业难的问题突出地摆在每一个大学毕业生面前,这与大学生选择就业的标准有直接关系。

3) 只要你有强烈的愿望而且肯去为你的目标付出努力,你就能主宰自己的未来。

4) 马克西姆认为做任何事都需要坚持,既然开始了就要做到底,不能浅尝辄止。

5) 娜嘉从小就是个孤儿,所以离婚以后无人可以依靠,只能靠自己的双手。

6) 父亲除了在工厂上班,还要在下班以后去火车站当装卸工挣钱,这不能不影响到他的健康。

7) 尽管日子过得很艰难,但父母每月还是给我拿出 20 元钱让我买学习资料。

8) 一名教师如何才能赢得学生的尊重和爱戴?这是一个很值得认真思考的问题。

9) 一切问题的根源都在于你自己本身,在于你对问题的认识和态度。

10) 李明把自己取得的这样或那样的成就都归功于学院领导的培养。

XII. Напишите сочинение на одну из данных тем.

1) Какова молодёжь двадцать первого века?

2) Проблемы современной молодёжи

11

Текст 2

Без комплексов

По данным фонда «Общественное мнение», деньги, богатство, материальное благополучие — вот главная цель современной молодёжи. Так считают 35 процентов опрошённых «отцов». 17 процентов взрослого поколения считают, что молодёжь живёт бесцельно. 7 процентов заявили, что предел мечтаний молодых – красивая жизнь и сплошные удовольствия. Так какая она современная молодёжь? Так ли она плоха? Об этом наш разговор с главным редактором журнала «Новое литературное обозрение» Ириной Прохоровой.

— Ирина Дмитриевна, неужели современная молодёжь настолько отвратительна? У неё действительно нет никаких идеалов?

— Это вечная песня людей старшего возраста, о том, что у молодых нет никаких идеалов, а идеалы были только у них. Это большое заблуждение. Они забыли, что реальность немножко другая, чуть-чуть забыли о деньгах. В этом смысле я бы сказала, что в нынешнем мире просто меньше лицемерия. Стало нормальным считать, что нужно думать о деньгах, зарабатывать деньги. Я не вижу здесь никакого падения. И только приветствую, что люди стали говорить об этом спокойно. И в этом смысле я не вижу совсем никакой разницы между моим поколением и поколением родителей и т. д. Вся проблема в том, что тогда действительно невозможно было заработать. Люди надрывались, искали подпольные пути. В этом смысле молодёжь не хуже и не лучше своих предков. У неё просто больше шансов в этом плане.

А упрёки в том, что у молодёжи нет какой-то идеи — это тоже от старого общества. Если молодёжи достаточно новой идеи быть богатой и здоровой, согласитесь, это куда лучше, чем быть нищей и больной. Человек имеет право на счастье, и это вполне достаточная цель.

— Новое поколение упрекают в меркантильности, будто и образование сегодня получают лишь для того, чтобы побольше денег заработать.

— Я не понимаю: а для чего тогда образование получать? Я просто хочу

защитить новое поколение, хотя и не идеализирую его. У нас опять путаются идеи некоторого личного совершенства (например, ты книгочей, любишь читать) и профессионального. Профессия должна приносить деньги, что, кстати, совершенно не исключается моральный престиж. Ситуация советского периода, когда людям не платили денег, унизительна. Врачи, учителя, юристы до сих пор влачат нищенское существование. Получается, квалификация людей вообще не ценится. И я бы сказала, что прекрасно, если ситуация будет меняться, люди, получившие образование, должны получать больше.

У нас в голове какое-то перевернутое сознание. Получается, что образование — это привилегия, тебе дали образование, ты должен благодарить неизвестно кого и ещё денег не проси за это.

— **Старшее поколение укоризненно замечает, что молодёжь нынче разучилась читать...**

— Чтобы судить, хуже стало или лучше, надо бы научиться исследовать предыдущую эпоху. Не исключаю, что сегодня читать стали больше.

Молодёжь на самом деле очень разная. Есть чудовищная публика, есть совершенно замечательные современные мыслящие люди, есть обыватели. Как в любой стране, в любом поколении.

Я в какой-то степени завидую сегодняшней молодёжи: ей легче добиться какой-то цели. Нам было значительно сложнее в силу целого ряда ограничений, и требовалось намного больше усилий, чтобы пройти какие-то ступени, которые сейчас проходят спокойнее. Я, например, работала в журнале, и стать старшим редактором было целой проблемой, особенно для женщины. В этом смысле мы были обречены. Я вижу проблему немножко в другом. Все эти жалобы, что молодёжь не читает и прочее, может быть, отчасти даже справедливы, здесь есть один момент, связанный с быстрым внедрением новых технологий. Например, к культуре чтения нужно долго приучать. Известно, что письменная культура требует долгих лет навыков, а дети, которые привыкли к новым технологиям, плохо воспринимают старые методы обучения. Отключить телевизор сегодня довольно сложно. Значит, детям требуются изменения всех систем, навыков обучения чтению. Конечно, смотреть телевизор легче, ясно, что ребёнку хочется побегать, погулять, а не учиться, это все прошли. Значит надо искать, наряду с появлением новых соблазнов надо найти подход через другие источники.

Например, когда говорят, что это безобразие, когда дети смотрят фильм, а не читают книжку. Я считаю, что это отлично! Почему телевизор не может быть элементом воспитания. Фильм «Идиот» показали, теперь народ побежал скупать Достоевского. Так почему бы не развить идею экранизации лучших произведений с тем, чтобы люди читали? Почему-то пойти в театр и посмотреть Достоевского считается нормальным, а посмотреть сериал до сих пор считается какой-то «попсой». А на самом деле упускается возможность приучить новых людей к чтению. Чем упрекать молодёжь, жаловаться, что она такая-рассякая, надо самим, по-моему, мозгами шевелить.

— Можете сказать, какое оно, сегодняшнее поколение?

— Без комплексов. Свободное. Это видно хотя бы по тому, как люди двигаются. Раньше нашего человека за границей можно было узнать по походке. Сейчас люди раскрепостились. Я вижу это по своей дочке. Я вспоминаю себя в её возрасте... Мы были зажатые, закомплексованные. Достаточно посмотреть на молодых людей, как они раскованно сидят на траве, как они двигаются. У меня просто был шок, когда я студенткой впервые приехала за границу: люди спокойно сидят на траве, в обнимку... А вот вы зря смеётесь! Эти детали никогда не попадают в официальные разговоры старых людей, которые рассказывают, как было замечательно при советской власти. У нас же невозможно было сесть на газончик, милиция тебя сразу же замела бы, будто ты хулиган какой.

ВОПРОСЫ К ТЕКСТУ

1) Почему автор говорит, что это вечная песня людей старшего возраста о том, что у молодых нет никаких идеалов, а идеалы были только у них?

2) Почему автор не видит никакого падения в том, что люди хотят заработать?

3) Почему люди поколения автора были зажатыми?

4) Сегодняшнее поколение раскрепостилось, это хорошо или плохо, на ваш взгляд?

УРОК 2

Текст 1

Мендельсон отдыхает
Некоторые женятся, а некоторые так

В Европе внебрачная рождаемость, похоже, скоро станет нормой жизни. В Великобритании она составляет около 31 процента, во Франции — 32 процента, в Норвегии — 43 процента, в Дании — 47 процентов, в Швеции — 50 процентов.

При СССР вне брака рождался каждый пятый ребёнок, сейчас — каждый третий. Кризис семьи — вот как называют комплекс приводящих к этому явлений и социологи и моралисты. Только если первые на вопрос о том, что же это делается, честно говорят «не знаем», то вторые, как обычно, возносят очи горе[1] и вещают про нравственность (падает), духовность (соответственно), молодёжь (аналогично) и про добрые старые времена (ах, где они, где они?).

Так или иначе, но с семьей действительно что-то происходит. Все последние 10 лет число браков — и первых, и повторных — постоянно снижалось. Если в 1990 году их было заключено 1,3 млн., то в 1999-м — 0,9 млн. Или вот взять Москву: за январь–май этого года браков было заключено 20,5 тыс. (на 12,7 процента меньше, чем за аналогичный период прошлого года), разводов произошло 22,2 тыс. (больше на 6,9 процента). Примерно так обстоит дело и по всей России... Так что семьи в традиционном понимании — это когда с фатой и Мендельсоном[2] — встречаются все реже. Может быть, народ просто не ходит в загсы, а живёт себе «так»? Мы не знаем, общероссийских исследований на эту тему никогда не проводилось. И вот одни социологи говорят, что народ теперь предпочитает так называемый гражданский брак официальному, искажая тем самым государственную статистику. Другие — что люди откладывают свой первый штамп в паспорте «на потом»³, тем более что и детей они заводят позже, чем поколение их родителей. В общем, обе теории сводятся к тому, что люди по-прежнему живут парами.

Но есть и другое, более радикальное мнение: у нас всё больше одиночек, которым брак, хоть с Мендельсоном, хоть без него, вообще не нужен ни под каким соусом⁴. Не потому, что они такие уроды, а просто брак изживает себя, и на смену ему идут какие-то совсем другие формы отношений.

Ясное дело, семья — это не только мужчина и женщина. Есть такой режущий ухо показатель⁵— среднее число детей на одну женщину. Так вот, если в 1990-м он составлял 1,89 (как и в 1980-м), то к 1999 году он упал до 1,17. Это чуть ниже, чем во многих европейских странах: в Германии эта цифра равна 1,36, в Испании — 1,2.

Несколько лет назад в Москве провели выборочный опрос женихов и невест, и вот что выяснилось. В 1991 году все они дружно отметили, что хотят иметь детей, а в 2000-м шесть процентов женихов и три процента невест высказались за сознательную бездетность в браке.

Что же получается? Браки заключаются всё реже, относительное количество разводов растёт, родители ограничиваются одним ребёнком, и вот уже появляются семьи, которые принципиально не хотят детей.

В нашей академической литературе⁶ есть такой взгляд: происходит кризис традиционной семьи, основанной на двух отживающих принципах. Эти принципы — власть родителей над детьми и власть мужчины над женщиной. Что касается родителей и детей, то тут несколько проще, эти отношения быстрее перестраиваются. Дети стали более эмансипированы от родителей, это очевидно. А вот отношения между мужчиной и женщиной перестраиваются очень сложно. Есть такая идея, что отношения между полами могут быть партнёрскими, а не властными. Но процесс перехода к таким отношениям болезненно затянулся, и непонятно, как он будет разрешаться. Кризис семьи вот в чём: старые отношения ушли, новые только формируются. Ростки этих новых партнёрских отношений формируются в высокообразованных слоях, среди класса интеллигенции. Пока это очень мучительный процесс перестройки. Когда всё это перемелется, то есть надежда — будут выстроены партнёрские отношения, когда не будет этого «молчи, потому что ты баба». Традиционная семья, основанная на подчинении жены мужу, тоже имеет право на существование, если оба на это согласны. Но проблема в том, что таких женщин все меньше, а таких мужчин по-прежнему много. Мужчины всегда хотели иметь менее образованную жену, и чтобы она меньше зарабатывала. Если женщина много зарабатывает, то это не стабилизирует брак. Потому что если она имеет власть, то он не чувствует себя мужчиной.

Мы выходим на западный тип брачности, когда браки заключаются в более позднем возрасте и мужчинами и женщинами. Мы переходим от модели советского брака, когда ранняя брачность поощрялась, когда жили с родителями, когда надо было узаконить сексуальные отношения, потому что «так» неприлично, а когда в соседней комнате мама-папа — это прилично. То есть меняется сам имидж брака[7].

Выживать в сложной экономической ситуации проще как раз семьями. Но это вопрос, постоянно висящий в воздухе: кто виноват? Один мой коллега говорит: виноваты феминистки, которые не хотят жить в семье, не хотят рожать детей. Ну, тут с какой позиции посмотреть. Сейчас женщины сами решают, работать им или нет, рожать им или нет, и зачастую брак им совершенно не нужен. Зачем жить с мужем, который бьёт жену, или с алкоголиком? Лучше без брака. Недаром у нас постоянно растёт внебрачная рождаемость, тут мы чуть-чуть не догнали Америку: у нас 29 процентов детей рождаются вне брака. И разводы чаще инициируются женщинами, так, кстати, было и в советское время.

Мужчине в семье жить выгоднее, чем женщине. Это давно известно, об этом писали в Америке ещё в 70-е годы. Ещё тогда провели исследование: кто себя чувствует благополучнее — мужчины и женщины в браке, или разведенные, или никогда не вступавшие в брак — и кто хуже. Оказалось, что в браке себя лучше чувствуют мужчины, а вне брака – женщины. Понимаете, всю жизнь процессы, которые происходили с семьей и браком, оценивали и определяли мужчины. Какой должна быть семья, сколько должно быть детей. Но давайте мы посмотрим на традиционную сферу женщин глазами самой женщины. Тогда выясняются совершенно другие вещи — кому это всё надо. Ей надо каждое утро вставать и бегать, убирать за мужем, растить, кормить, гладить, стирать, ещё и добывать иногда[8]? Получается такая ситуация: в бедных семьях часто зарабатывают женщины, бегают, экономят и распределяют. Если семья богатая, и он зарабатывает деньги, то он может делать всё что угодно — пить, бить, гулять.

Что думает молодёжь о браке? Нынешняя молодёжь более рациональна. Все

они рационализируют, для этого должно быть место в жизни и время. Может, мы возвращаемся назад, на тот виток цивилизации⁹, когда была женщина и ребёнок – было такое материнское право, такой период в истории, когда дети принадлежали женщинам, и женщины сами решали, с кем им жить. К какой модели движется вся эта семейная история? Совершенно очевидно, что к множественности моделей.

Мир вообще идёт к вариативности человеческих практик. Лишь бы люди были счастливы и не было насилия, оскорблений, несчастья детей в первую очередь, и тогда мы сможем судить, хороша эта норма или плоха.

КОММЕНТАРИИ

1. **возносят очи горе** — смотрят вверх.

2. **Марш Мендельсона** или просто Свадебный марш написан Феликсом Мендельсоном, он стал символом церемонии бракосочетания.

3. **откладывают «на потом»** — не хотят сразу узаконить отношения, откладывают эту процедуру на неопределенное время.

4. **не нужен ни под каким соусом** — любой брак, официальный или гражданский, или ещё какой-н. им не нужен.

5. **режущий ухо показатель** — показатели удручающие, очень плохие.

6. **академическая литература** — научная литература.

7. **имидж брака** — внешние признаки брака, способствующие воздействию на окружающих.

8. **ещё и добывать иногда** — здесь: ещё и зарабатывать для семьи деньги, работать.

9. **виток цивилизации** — здесь: человечество развивается по спирали, на каком-то отрезке времени женщина была главой семьи и всё решала. Может быть, мы возвращаемся к этим отношениям, где женщина станет решать всё сама?

УРОК 2

СЛОВАРЬ

комплекс: совокупность, сочетание предметов, явлений, действий, свойств. 综合；总体

моралист: тот, кто любит заниматься нравоучительством. 〈书〉道德说教者

вещать[未]: говорить что-л. значительное, важное; торжественно провозглашать; передавать для слушания (о радио, телевидении). 〈书〉郑重地说；(不用一、二人称)(无线电)广播, 播送

фата: закрывающее голову и верхнюю часть тела лёгкое женское покрывало из кисеи, шёлка, тюля, кружев (обычно служащее свадебным головным убором невесты). 头纱, 披纱

искажать[完]; исказить[未]: представить в ложном, неправильном виде; извратить смысл чьих-л. слов. 使扭曲, 歪曲

штамп: прямоугольный штемпель с названием учреждения, организации. (刻有机关或组织名称、地址等多为方形的)单位印章

радикальный: решительный, коренной, наиболее действенный; придерживающийся крайних, решительных взглядов. 彻底的；走极端的；激进的

урод: человек с ярко выраженным физическим недостатком, безобразной внешностью; человек с некрасивой внешностью; о ком-л., вызвавшем неудовольствие, раздражение, гнев. 有生理缺陷的人；〈口〉丑陋的人；〈骂〉令人厌恶的人, 丑八怪

изжить[完]; изживать[未]: избавиться от чего-л.; искоренить в себе что-л.; привыкнув, перестать ощущать. 根除；对……习以为常(指痛苦、不愉快的事等)
  ◇**изжить себя:** отжить, устареть; стать ненужным. 过时, 变得无用

эмансипировать[完, 未]: произвести освобождение от какой-л. зависимости, подчинённости, угнетения, каких-л. ограничений кого-, чего-л. 〈书〉解放, 使解除束缚

росток: стебель растения в самом начале его развития из семени, корневища, клубня, луковицы; первые признаки начинающегося развития чего-л. 幼芽, 萌芽；[常用复]〈转〉萌芽

перемолоться[完]; перемалываться[未]: размельчиться, превратившись в муку, крупу и т.п. (обо всём, многом). （许多、全部）磨成粉，磨碎

стабилизировать[未，完]: привести в устойчивое положение, состояние, сделать стабильным. 使稳定，使安定

феминист: сторонник женского движения за полное уравнение женщин в правах с мужчинами. 女权运动者，男女平等主义者

алкоголик: тот, кто страдает алкоголизмом; пьяница. 酒鬼

инициировать[完，未]: положить; класть начало чему-л. (процессу, явлению и т.п.) 开始，引发

рациональный: основанный на разуме, логике; разумный, рассудочный. 合乎理智的，合乎逻辑

ВОПРОСЫ К ТЕКСТУ

1) Что говорят о кризисе семьи социологи и моралисты?
2) Как обстоят дела с браками и разводами в Москве?
3) Что такое гражданский брак?
4) По мнению автора, какое существует радикальное мнение о браке?
5) Что показал выборочный опрос?
6) Каков взгляд академической литературы на семью?
7) По мнению автора, в чем же заключается кризис семьи?
8) По мнению автора, как строятся отношения в традиционной семье?
9) По мнению автора, как меняется имидж брака?
10) Как чувствуют себя в браке мужчина и женщина?
11) По мнению автора, к чему идёт мир человеческих отношений?

ЗАДАНИЯ

I. Объясните своими словами выделенные части и переведите предложения на китайский язык.

1) Такие люди, <u>как обычно</u>, возносят очи горе и вещают про нравственность

(падает), духовность (соответственно), молодёжь (аналогично) и про добрые старые времена (ах, где они, где они?).

2) Откладывают штамп в паспорте «на потом».

3) Народ предпочитает так называемый гражданский брак официальному, искажая тем самым государственную статистику.

4) Процесс перехода к таким отношениям болезненно затянулся.

5) Брак изживает себя, и на смену ему идут какие-то совсем другие формы отношений.

6) Мир идёт к вариативности человеческих практик.

7) Это вопрос, постоянно висящий в воздухе.

8) У нас всё больше одиночек, которым брак не нужен ни под каким соусом.

9) В общем, обе теории сводятся к тому, что люди по-прежнему живут парами.

10) Есть такой режущий ухо показатель — среднее число детей на одну женщину.

II. Подберите однокоренные слова к данным словам и объясните их значение.

слова	однокоренные слова	значение
рождаемость		
внебрачный		
духовность		
показатель		
ограничиваться		
неблагополучный		
опрос		
перестраиваться		
последовательный		
моралист		
сочувствие		
стабилизировать		
инициировать		
выборочный		

III. Прочитайте следующие предложения, обращая внимание на употребление «чтобы», и составьте предложения по аналогу.

1) Но дай бог, чтобы и сборная России дошла до своего Берлина — взяла золото.

2) Можно не вылезать из офиса, зарабатывая язву и нервное истощение, чтобы потом лечить их на курорте.

3) Люблю, чтобы у меня была хорошая, в меру модная одежда — не такая, чтобы все оборачивались на улице.

4) Мне сериал понравился: он не такой чтобы бодрый, динамичный, но в нём есть своя прелесть, своё обаяние.

5) Хирурги были потрясены, они ещё никогда не видели, чтобы пациент с такой травмой головы приходил за помощью своими ногами.

6) Мне не нравится, чтобы меня открывали, как консервную банку, и смотрели, что внутри.

7) Вместо того чтобы пахать как лошадь, он занялся какими-то долбаными путешествиями, автопробегом и прочей ерундой.

IV. Определите и сопоставьте значения глагола *жить* с разными приставками.

вжиться – вживаться, выжить – выживать, дожить – доживать, зажить – заживать, изжить – изживать, нажить – наживать, обжить – обживать, ожить – оживать, отжить – отживать, пережить – переживать, прижиться – приживаться, прожить – проживать, сжиться – сживаться, ужиться – уживаться

V. Вставьте вместо точек глагол *жить* с разными приставками.

1) Пятилетняя девочка ..., упав с пятого этажа.

2) Жители этого района ... нередко до ста двадцати лет.

3) Японская вишня ... на калининградской земле.

4) Языческие традиции ... в городе с иудейскими. Обе традиции соседствовали с новой религией—христианством.

5) Народы эти ... южное побережье Балтийского моря на территории современных Германии и Польши.

6) Русская волшебная сказка «Жар-птица» впервые ... и взмахнула своими огненными крыльями 25 июня 1910 года на сцене Парижской Оперы.

УРОК 2

7) В этой республике почему-то не ... фастфуд, столь популярный в других российских регионах.

8) Любую привычку ... трудно.

9) Эта должность хозяйственная, денежная, на которой легко ... врагов и сломать шею.

10) Боксёр ... с мыслью, что станет чемпионом, и теперь сильно ... своё поражение.

VI. Измените предложения таким образом, чтобы в них можно было употребить следующие глаголы:

> отжить, выжить, обживать, зажить,
> вжиться, дожить, пережить, проживать

1) У некоторых народностей свадебные традиции сохранились до наших дней.

2) Молодой актёр так хорошо вошёл в образ, что по ходу съёмок не раз вносил вполне интересные предложения по сюжету.

3) Ему было уже 90 лет. У него за плечами была большая жизнь, много радости и горя.

4) Он был тяжело ранен, все думали, что он не поправится.

5) Многие традиции, связанные с религией, уже давно перестали существовать.

6) Раненое крыло птицы перестало болеть, и она улетела.

7) В 50-е годы с разных концов Советского Союза ехали в Казахстан люди осваивать целинные земли.

8) Он переехал недавно в Санкт-Петербург и теперь имеет постоянную регистрацию по адресу: Невский проспект, дом 2, квартира 22.

VII. Правильно выговаривайте имена числительные из текста.

1) В Великобритании она составляет около 31 процента, во Франции — 32 процента, в Норвегии — 43 процента, в Дании — 47 процентов, в Швеции — 50 процентов.

2) Если в 1990 году их было заключено 1,3 млн., то в 1999-м — 0,9 млн.

3) За январь-май этого года браков было заключено 20,5 тыс. (на 12,7 процента меньше, чем за аналогичный период прошлого года), разводов произошло 22,2 тыс. (больше на 6,9 процента).

4) Так вот, если в 1990-м он составлял 1,89 (как и в 1980-м), то к 1999 году он упал до 1,17.

5) Это чуть ниже, чем во многих европейских странах: в Германии эта цифра равна 1,36, в Испании — 1,2.

VIII. Прочитайте пословицы и своими словами передайте их смысл. Подумайте, есть ли в китайском языке такие пословицы?

1) Жизнь прожить — не поле перейти.

2) С милым рай и в шалаше.

3) Милые бранятся — только тешатся.

4) Краса до венца, а ум до конца.

5) Жениться — не воды напиться.

IX. Объясните данные выражения, составьте небольшие тексты, стараясь употребить все выражения.

Группа А	Группа Б
родиться вне брака;	каждый пятый (каждый третий...);
аналогичный период;	делать всё что угодно;
жить себе «так»;	так или иначе;
гражданский брак;	тем самым;
выборочный опрос;	хоть...хоть...;

X. Переведите предложения на русский язык.

1) 据统计,每十三个日本人中只有一个吸烟的,而每三个俄罗斯人中就有一个烟民。

2) 在中国,女人不结婚就生孩子是不可思议的。而在俄罗斯,没有人会对未婚成年女性生孩子说三道四。

3) 现代社会是法治的,也是自由的,在法律允许的范围内你可以想做什么就做什么。

4) 人们的生活水平总体上在不断提高,但是贫富差距也在不断加大。

5) 有不少外国人渴望移民美国,因为在那里生活在贫困线以下的人可以领取最低生活保障金。

6) 父母都希望给子女提供一个良好的教育环境,不让他们输在起跑线上。

7) 一般来说,多子女家庭的经济状况要比一个孩子家庭的状况艰难。

8) 模仿是孩子学习的重要途径,所以说家长是孩子的第一任老师。

9) 男人活到三十还上无片瓦下无寸土,是要遭人耻笑的。

10) 很多中国人都记得那个一分钱要掰成两半儿花的艰难时代。

XI. Ответьте на вопросы.

1) Какая семья является типичной для современного китайского общества по составу, по уровню образования и по размеру зарплаты?

2) Как изменились отношения супругов в связи с социальным и политическим равенством мужчин и женщин?

3) Какова роль дедушек и бабушек в семье?

4) Что, по-вашему, является главным условием прочности семьи и её счастья?

XII. Напишите сочинение на тему:

«Моё отношение к браку».

Текст 2

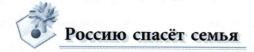

Россию спасёт семья

Переход к рыночной экономике оказался более сложным, чем ожидалось, а социальная среда менее пластичной. Около 60 процентов людей стали жить хуже прежнего, и только 10 процентов улучшили свое материальное положение. Разрыв в уровне доходов вырос в 15 раз. Зарплата около четверти работающих в России — ниже прожиточного минимума.

В последние годы появилась новая для России проблема — безработица. Не у дел остаются люди, имеющие хорошее образование, опыт и желание трудиться, а вместе с тем без средств к существованию остается семья, дети.

Безработица порождает ещё одну проблему — бедность. Для некоторых слоев населения бедность становится постоянной и устойчивой. Примерно 47 процентов детей в возрасте до 15 лет живут в семьях (в основном неполных), попадающих в категорию бедных. Дети плохо питаются, одеваются, у них мало игрушек, книг, они не ходят в театры. Снижение стартовых возможностей для детей из бедных семей может привести к потере части интеллектуального потенциала страны. И вообще, низкий уровень доходов основной части общества оказывает влияние на все стороны его жизни.

Население начинает адаптироваться к сложившейся ситуации. Каким-то образом люди находят источники дополнительных доходов. Многие заводят собственное дело, часто совсем маленькое, но в этом можно найти опору. Однако подобная адаптация очень далека от экономической стабильности.

Множество социально-экономических проблем могло бы привести к общественному взрыву. Спасла нас от этого семья! Вспоминаю свою семью, маму. Я, младшая в семье, родилась в 1941 году. Папа ушёл на фронт и погиб в 1944-м. Мама осталась вдовой в 30 лет и с тремя детьми на руках. Много работала, себе во всём отказывала и вечно считала копейки. Но всех вырастила. Мы всё трое получили образование. И сколько таких женщин было и есть в стране! Я верю и жду, что именно наши умные, способные, сильные женщины помогут мужчинам наладить порядок в стране, вытянуть страну из этого состояния, в котором она незаслуженно находится.

В последнее время о рождении и воспитании детей почему-то принято говорить так, словно это сплошные проблемы, трудности и неприятности. А уж многодетные семьи вообще исчезли с экранов телевизоров, со страниц журналов и газет. Между тем отцы и матери больших семейств по-прежнему существуют. И, представьте себе, не только не ропщут на судьбу, но и считают многодетность огромным счастьем. Сегодня о своих проблемах рассказывает отец двенадцати детей, священник отец Александр.

— *Вам приходилось сталкиваться с враждебностью в адрес своей большой семьи? Или такое отношение миф?*

Я думаю, это в значительной степени миф, причём в основном поддерживаемый средствами массовой информации, которые пытаются нам внушить, что иметь много детей значит плодить нищету. Я ни разу не слышал резких высказываний.

— *Некоторые учёные пытаются доказать, что в многодетных семьях*

постепенно происходит интеллектуальное вырождение: младшие дети гораздо глупее старших.

Исторические примеры говорят об обратном. Дмитрий Менделеев был одиннадцатым в своей семье, князь Даниил Московский, благодаря которому Москва стала таким важным центром, был четвёртым из сыновей, Бетховен был седьмым ребёнком... Дети учатся через подражание. Причём психологически им гораздо легче подражать не взрослым, а ребятам постарше. Поэтому в многодетных семьях младшие обычно быстрее приобретают бытовые навыки, навыки общения.

— *Во многих семьях, где один–два ребёнка, у детей складываются конкурентные отношения. Очень часто родители жалуются на детскую ревность. А в многодетной семье, наверное, соперничества ещё больше?*

Когда в семье один–два ребёнка, быстро происходит эмоциональное насыщение. Родителям всё время приходится что-то изобретать, а они устали, у них полно других дел. Возникают раздражение, конфликты. А когда родители пытаются отгородиться от детей, те обычно становятся повышенно требовательными, ревнивыми. В большой семье дети постоянно учатся общаться: сначала с братьями и сестрами, затем, когда у старших появляются свои дети, — с племянниками.

— *Некоторые читатели, наверное, подумают: «А как прокормить такую ораву? Государство ведь не помогает...»*

Во-первых, помогает, и очень даже ощутимо. Деньги, выделяемые на многодетных, не такие уж маленькие — примерно зарплата. Кроме того, дети могут бесплатно ездить в транспорте, это огромное подспорье, особенно в условиях большого города. Льготы в плате квартиры тоже значительные. Во-вторых, помогают, конечно, окружающие люди. Ну и потом, когда старшие дети подрастают, они тоже начинают зарабатывать. Нельзя сказать, чтобы большая семья жила очень богато, чтобы она имела большие возможности, но кров и еда, и одежда — всё это есть. А главное. Есть счастье, которое не купишь ни за какие деньги.

ВОПРОСЫ К ТЕКСТУ

1) Что хотел узнать журналист у многодетного отца?

2) В чём счастье многодетной семьи?

3) Каким образом происходит воспитание детей в многодетных семьях?

4) Можете ли вы назвать минусы многодетной семьи?

5) Дети, выросшие без братьев и сестёр, — эгоисты?

6) Что бы вы предпочли: быть единственным ребёнком или расти в многодетной семье?

7) Что вы думаете о государственной финансовой поддержке многодетных семей?

8) Сколько детей должно быть в семье, на ваш взгляд?

УРОК 3

Текст 1

Как стать счастливым

Когда тебе шесть лет, ты мечтаешь о счастье так: вырасту, заведу себе собаку (котенка, рыбок), конфеты буду без спроса есть, и пойду, наконец, в школу с новым ранцем.

Когда тебе десять, думаешь: вырасту, будет у меня велик (Барби), как у Саньки (Таньки).

Когда тебе пятнадцать, убеждаешь себя: вырасту (уже скоро), поступлю в престижный вуз, чтобы потом попасть на хорошую работу, и будет у меня самый навороченный комп[1], самая стильная одежда.

Когда тебе 22, ты работаешь за самую мизерную плату «начинающего специалиста» и думаешь: скорее бы найти что-нибудь более достойное тебя. Если ты девушка, то надо и выйти замуж за такого, кто обеспечит светлое будущее тебе, твоим детям и твоим родителям. А самой пока делать карьеру. Если ты парень, то надо заработать на дорогое кафе в конце недели, чтобы не только на пиво хватало, но и на спортзал, и на машину... Можно пойти на такое место, где будет скучнейшая работа за очень средние деньги, зато хорошие «левые». А потом, как на ноги встанет[2], так и жениться можно будет.

Когда-нибудь и тебе, и Таньке, и Саньке будет 35. И возможно, у кого-то из вас будет курорт два раза в год, машина, особняк, престижная школа для разбалованных детей и маникюрный салон для ухоженной жены, работа до 10 вечера и вечерний футбол по широ-о-окому ящику[3]. А у кого-то будет ставка учителя (инженера, санитара) и никаких левых, старенькая мебель и продукты с рынка, подержанные учебники и дешёвая косметика.

И кто из них тогда будет более счастлив? Ты скажешь — конечно же, обеспеченный всем, сытый и довольный. Другой возразит — нет, у того нервотрёпки много, наверное. Он из-за денег или из-за стоящей под окном дорогой машины по ночам в постели вертится. Кто прав? Не обязательно первый! И даже вовсе не обязательно второй.

Казалось бы, если ты зарабатываешь свои честные деньги, не дрожишь по ночам, что вас обкрадут, не подсиживаешь никого⁴ на работе — почему бы тебе не жить спокойно? Но можно быть бедным и при этом завидовать состоятельному соседу так, что света белого не взвидишь⁵. Можно не брать взятки и поджигать соседскую дачу — «чтобы и у тебя не было!». Можно пилить и пилить мужа⁶, заставлять его пахать в две смены⁷, чтобы купить туфли как у какой-нибудь Лизки.

Можно купаться в деньгах⁸ и при этом деньги жалеть. Можно не вылезать из офиса, зарабатывая язву⁹ и нервное истощение, чтобы потом лечить их на курорте. Носить очки за тысячу баксов¹⁰ и носки с дырками. Приезжать домой на такси и торговаться до посинения с водителем. А широкий экран телика когда-нибудь всё равно станет слишком толстым, или слишком жидкокристаллическим в смысле недоплазменным¹¹. А обои уже через полгода не так радуют глаз. А джакузи хочется сменить на душевую кабину. А буковый паркет — на полы с подогревом и подсветкой. И конца-края желаниям не видно...

Так кто, кто счастливее? Может не именно богатый и не именно бедный? Может тот, кто помнит себя в детстве, когда ему до смерти хотелось новый кожаный мяч, но потом он утешался и шёл с ребятами пинать старый. И игра не становилась хуже! Может, та, у которой на джинсах были аккуратно пришитые папой заплатки, зато за них не надо было бояться, катаясь с горы на санках?

Мы с друзьями росли в тяжёлое время «перестройки¹²». Нам так «повезло». У нас дома не бывало света по трое суток, тепла и газа всю зиму. Мы учились при свечах, сидя у стола в шубах, иногда же приходилось в них плясать, чтобы согреться — смеху было! Мы, бывало, неделю не ели горячего, только хлеб и какао из термоса, зато, сколько радости, когда на час дают свет и можно на плитке сварить суп! Хотя некоторые варили обед во дворе многоэтажки на кирпичах.

Одевались в то, что было, и не сильно страдали. Вместо обеда в школьной

УРОК 3

столовой делились одним бутербродом. Зарплату родителям задерживали, а то и не давали. У нас были самые дешёвые тетради, самые плохие альбомы. Один раз было обидно — поставили тройку за диктант, потому что ручка писала пунктиром. У кого-то и тогда было всё: и автономное отопление, и свет, и красивые рюкзачки. А подруга до шестого класса доходила с ранцем с надписью «Учись считать», и заметила, что это странно, только когда над ней посмеялись.

Но я считаю, что это всё же было счастливое детство — у нас были друзья, снег зимой и одуванчики весной, а иногда даже мороженное. У нас были нормальные родители, которым хотелось, чтобы у детей было всё, но которые приучили нас довольствоваться малым. Что ещё надо детям?

Сейчас поколение, которое младше нас на пять-десять лет, живёт по-другому. В стране стабильно повышается всё, включая зарплаты. Кто-то, если рассказать про наше детство, не поймёт, а кто-то и сейчас живёт так, и хуже. Всегда у разных людей будут разные возможности. И всегда будут недовольные и несчастливые. Даже живя в хороших квартирах, с полным холодильником. Даже когда захочется «больше и лучше». Мы постараемся помнить, это — не главное. Это как тот бутерброд, который не ты заработал, а дали тебе родители, и который невкусно есть одному. Даже если он с икрой. Главное, что, имея бутерброд, можно его разломить и на двоих, и на троих. Конечно, это всё было в детстве. Но все мы родом оттуда. И лучшее забираем с собой.

КОММЕНТАРИИ

1. **навороченный комп** — самый современный компьютер со многими добавочными функциями

2. **встать на ноги** — стать самостоятельным, способным самостоятельно зарабатывать деньги

3. **по широ-о-окому ящику** — по телевизору с большим размером экрана

4. **не подсиживать никого** — не повредить кому-либо интригами и кознями репутацию, не пытаться занять чьё-либо место

5. **света белого невзвидеть (увидеть, видеть)** — употребляется для выражения внезапности или сильного душевного волнения.

6. **пилить и пилить** *кого* — изводить, донимать беспрерывными поучениями, придирками, бранью, корить, попрекать чем-нибудь.

7. **пахать в две смены** — много и тяжело работать сверхурочно.

8. **купаться в деньгах** — иметь очень большие деньги.

9. **зарабатывать язву** — от переживаний, неправильного питания или тяжёлой работы получить хроническую болезнь.

10. **за тысячу баксов** — за тысячу долларов США.

11. **недоплазменный** — авторское создание от слова «плазменный» в смысле «недостаточно современный, лередовой, модный».

12. **перестройка** — В СССР в 1985 — 1991 гг.: государственная политика коренного преобразования общественного сознания, направленная на развитие демократии и окончание холодной войны.

СЛОВАРЬ

ранец: жёсткая военная или ученическая сумка, которую носят на лямках за спиной. 背囊，背包

велик: велосипед.〈俗〉自行车

барби: кукла. [不变] 芭比(娃娃)

стильный: свойственный стиляге, выделяющийся новизной моды.〈口〉时尚的，品牌的

мизерный: ничтожно малый, очень скудный. 微小的，微薄的

левый: побочный и незаконный (о работе, заработке и т.п.).〈俗〉额外的，非正当的（工作、收入等）

маникюр: чистка и полировка ногтей рук (обычно с последующим покрытием ногтей лаком). 修指甲，美甲

салон: зал, помещение какого-л. специального назначения.（特定用途的）房间，沙龙

санитар: в лечебных заведениях; младший медицинский работник по уходу за больными и ранеными. 卫生员，护工

подержанный: не новый, бывший в употреблении. 用过的，穿过的，二手的

УРОК 3

косметика: средства для придания свежести, красоты лицу, телу. [集] 化妆品；润肤品

нервотрёпка: обстоятельства, условия, требующие нервного напряжения; вызванное ими состояние сильного напряжения нервов. 〈口〉令人激动不安的情况，伤脑筋的事情；激动，不安

телик: телевизор.〈口〉电视机

жидкокристаллический: работающий на жидких кристаллах. 液晶的

джакузи: широкая ванна с приспособлением для подводного массажа. 按摩浴缸

паркет: пол, выстланный дощечками. 镶木地板

пнуть[完]; пинать[未]: толкнуть, ударить ногой (ногами).〈俗〉踢，踹

заплатка: кусок ткани, кожи, нашиваемый на разорванное место. 补丁

сплясать[完]; плясать[未]: танцевать (обычно какой-л. народный танец). 跳舞（多指民间舞）；(不用一、二人称)〈转，口〉跳动，飞舞

многоэтажка: многоэтажный дом. 多层的楼房

пунктир: прерывистая линия из точек или коротких чёрточек. 虚线

одуванчик: травянистое растение семейства сложноцветных с жёлтыми соцветиями и опушёнными семенами, легко разносимыми ветром; цветок этого растения. 蒲公英

ВОПРОСЫ К ТЕКСТУ

1) О чём может мечтать шестилетний ребёнок?

2) Какие мечты у десятилетних?

3) О чём мечтает пятнадцатилетний подросток?

4) Какие мечты у молодёжи?

5) Какой может стать жизнь взрослых, тридцатипятилетнего возраста людей?

6) Кто будет более счастлив, богатый или бедный?

7) Как автор текста и его друзья жили в тяжёлое время «перестройки»?

8) Как сейчас, будучи взрослыми, оценивают они своё детство?

9) Что надо взять из детства, чтобы быть счастливым?

ЗАДАНИЯ

I. Замените выделенные слова или словосочетания синонимическими.

1) А потом, <u>как на ноги встанет</u>, так и жениться можно будет.

2) Можно <u>пилить и пилить мужа, заставлять его пахать в две смены</u>, чтобы купить туфли как у какой-нибудь Лизки.

3) <u>Ему до смерти хотелось</u> новый кожаный мяч.

4) И <u>конца-края желаниям не видно</u>.

5) Если ты зарабатываешь свои честные деньги, <u>не подсиживаешь никого на работе</u> — почему бы тебе не жить спокойно?

6) Можно пойти на такое место, где будет скучнейшая работа <u>за очень средние деньги, зато хорошие «левые»</u>.

7) А у кого-то будет <u>ставка учителя и никаких левых</u>, старенькая мебель и <u>продукты с рынка, подержанные учебники</u> и дешёвая косметика.

8) Будет у меня самый <u>навороченный комп</u>, самая <u>стильная</u> одежда.

II. Объясните словосочетания и составьте с ними предложения.

1) есть что-л. без спроса

2) поступить в престижный вуз

3) самая стильная одежда

4) работать за мизерную зарплату

5) ухоженная жена

6) автономное отопление

7) маникюрный салон

8) дешёвая косметика

9) носить очки за тысячу баксов

10) широкий экран телика

УРОК 3

III. Составьте с данными глаголами словосочетания.

Глаголы	словосочетания
мечтать	
обеспечить	
заставлять	
утешаться	
помнить	
вертеться	
убеждать	
завидовать	
брать	
подсиживать	

IV. Подберите к данным существительным подходящие определения.

имена существительные	определения
одежда	
специалист	
будущее	
карьера	
курорт	
косметика	
смена	
офис	
джакузи	
кабина	
заплатка	

V. Подберите к данным словам синонимы и антонимы.

слова	синонимы	антонимы
злой		
толстый		
больший		

счастливый		
худший		
многоэтажный		
плохой		
дешёвый		
богатый		
довольный		

VI. К данным словам найдите аналоги книжного стиля.

баксы, телик, комп, пинать, велик, ящик, пилить (мужа), пахать (на работе).

VII. Определите и сопоставьте значения глагола *думать* с разными приставками.

вдуматься – вдумываться, выдумать – выдумывать, додуматься – додумываться, задуматься – задумываться, обдумать – обдумывать, одуматься – одумываться, передумать – передумывать, подумать, придумать – придумывать, продумать – продумывать, раздумать – раздумывать

VIII. Вставьте вместо точек глагол *думать* с разными приставками.

1) Этого никогда не было. Он ... эту историю, чтобы оправдаться перед вами.

2) Сейчас ... предложения с новыми словами, а дома ... с ними рассказ.

3) Сначала я не собирался идти на консультацию, но потом ... и пошёл.

4) – Вы не поедете с нами за город?

– Да, ... ехать.

5) Я был очень возмущён и хотел с ним объясниться, но вовремя ..., а то наговорил бы лишнего.

6) ... ваше выступление, чтобы оно было убедительным.

7) Я ... результаты опроса знакомых, проведённого мною в Екатеринбурге.

8) Студентка не ... в то, что ей сказали, и ответила невпопад.

9) Таня долго ...., отвечать ему на письмо или нет.

IX. Закончите высказывания, употребляя глагол *думать* с разными приставками.

1) Чтобы запомнить, как употребляется новое слово, ...

2) Я хотел купить фотоаппарат, но...

3) На самом деле он никогда не был в Африке, ...

4) В этом году он уже кончает институт, но ...

5) Вы неправильно поняли мой вопрос, ...

6) Он выбрал малоинтересную для себя тему реферата. Хорошо, что ...

7) Нам предстоит очень важный выбор, необходимо ...

8) Мы долго не могли понять, как включать аппарат, но...

X. **Вместо точек поставьте обороты, обозначающие степень или меру действия.**

Образец: Ему до ... хотелось новый кожаный мяч.

Ему **до смерти** хотелось новый кожаный мяч.

1) Он иногда приезжает домой на такси и торгуется до ... с водителем.

2) Читая новый роман известного писателя, они увлечённо, до ... спорят о сделанном героями выборе.

3) Мы наелись и напились до ..., и захотелось лечь поспать.

4) Маленькая, тихая, она покраснела до ...

5) Роль глубоко трагическая, трогающая до ...

6) Слушая анекдоты, все смеялись до ...

7) Из офиса вышел молодой мужчина с тёмными усиками и гладко, до ... выбритыми щеками и подбородком.

8) Концерт прошёл в «Олимпийском», который поклонники забили до ...

9) После значительного перерыва перед телезрителями возник до ... знакомый образ — Александр Невзоров.

10) Занимаясь и днём, и ночью, я не дышала свежим воздухом, злоупотребляла кофе и читала, читала, читала до ... в глазах, пока, обессилев, не падала в постель.

XI. **Переведите на китайский язык следующие предложения.**

1) Обои уже через полгода не так радуют глаз.

2) Ему до смерти хотелось новый кожаный мяч.

3) Поставили тройку за диктант, потому что ручка писала пунктиром.

4) Сейчас поколение, которое младше нас на пять–десять лет, живёт по-другому.

5) Всегда у разных людей будут разные возможности.

6) А у кого-то будет ставка учителя (инженера, санитара) и никаких левых, старенькая мебель и продукты с рынка, подержанные учебники и дешёвая косметика.

7) Можно пойти на такое место, где будет скучнейшая работа за очень средние деньги, зато хорошие «левые». А потом, как на ноги встанет, так и жениться можно будет.

8) Когда тебе шесть лет, ты мечтаешь о счастье так: вырасту, заведу себе собаку (котенка, рыбок), конфеты буду без спроса есть, и пойду, наконец, в школу с новым ранцем.

9) Когда тебе пятнадцать, убеждаешь себя: вырасту (уже скоро), поступлю в престижный вуз, чтобы потом попасть на хорошую работу, и будет у меня самый навороченный комп, самая стильная одежда.

XII. Переведите предложения на русский язык.

1) 如果一个女人为了买双邻居那样的高跟鞋或者同事那样的手袋,而不停地数落丈夫,逼着他去打两份工,那她很容易失去自己的家庭。

2) 人的欲望是没有止境的,所以我们应该学会控制自己,学会知足常乐。

3) 那时候父母在工厂上班,常常不能按时发工资,有时根本就发不出工资。

4) 穿着打补丁的裤子也有它的好处,那就是滑雪橇的时候不用为裤子担心。

5) 俄语虽然难学,但只要你有强烈的愿望,肯努力,你就一定能掌握它。

6) 如今在俄罗斯,只靠教师那点儿微不足道的工资根本无法养家糊口。

7) 在中国,让孩子好好学习,考名牌大学,甚至出国留学的观念早已经在很多父母的心里扎根了。

8) 只要还有一线希望,就值得一试。

XIII. Напишите сочинение на одну из предложенных тем:

1) Что такое счастье?

2) Как стать счастливым?

УРОК 3

Текст 2

Счастье не купишь

Счастье, говорят, не купишь. Почему же людям никогда не бывает достаточно тех средств, которыми они располагают? Учёные открыли механизм воздействия эмоций от получения крупной суммы денег на мозг.

Недавние исследования доказали, что душевное равновесие и хорошее настроение не зависит напрямую от благосостояния. Тому есть много доказательств: звезды нашей и зарубежной эстрады, которые вечно лечатся от глубокой депрессии, дети олигархов, которые «сходят с ума оттого что им нечего больше хотеть». Мы всё знаем: много денег — ещё не стопроцентная гарантия счастья.

Почему же большая часть населения земного шара спит и видит, как они вдруг выиграют огромную сумму или получат в наследство от богатой тетушки пять квартир в Москве и миллионы на банковском счёту? Что заставляет нас покупать лотерейные билетики, участвовать в глупых акциях, в надежде выиграть приз?

Деньги, оказывается, можно сравнить с вкусной едой. Они притягивают сами по себе, и мы, в первую минуту получив внушительную сумму, даже не думаем о том, на что их можно потратить.

Американские психологи Стивен Ли и Пол Вебли исследовали проблему влияния звона монеток на наш мозг и установили: деньги — это наркотик. Разница только в том, что деньги, в отличие от последнего, нельзя употребить внутрь в чистом виде. Однако и то, и другое вызывает примерно одинаковую эйфорию.

Резко повышается настроение, сердце бьётся в удвоенном ритме, положительные эмоции переполняют человека. Похожие эмоции вызывают у нас, пожалуй, исполнение заветных желаний и поглощение вкусной еды, или повышение самооценки после какого-то поощрения, похвалы. Как же мы всё-таки примитивны иногда!

В прошлом году в Бонне был проведён такой опыт: добровольцам было проведено сканирование мозга. Поочередно изучали на компьютерах реакцию этого самого сложного и загадочного человеческого органа на приятный сюрприз,

39

похвалу и на выигрыш определённой суммы. Реакция оказалась примерно одинаковой.

Японские учёные также установили, что на одни и те же мозговые центры воздействуют добрые слова и получение денежных средств, любого происхождения. Учёные считают, что дело не в хрусте купюр и звоне монет, а в том престиже, повышении статуса и самоуважения, которое сопровождает увеличение личного благосостояния.

Текст 3

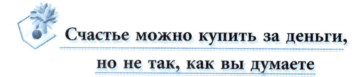

Счастье можно купить за деньги, но не так, как вы думаете

Симпатичная женщина высунулась из окна джипа, который мчится по песчаному берегу моря. Волосы развеваются, на лице улыбка от уха до уха. В спокойной воде отражаются отблески закатного солнца. Одним словом, счастье. Это фотография профессора психологии Элизабет Данн со странички на сайте канадского Университета Британской Колумбии. Счастье — главная тема её нового исследования.

«По большому счёту фраза» не в деньгах счастье «справедлива», — говорит Данн. Связь между тем, насколько счастливым чувствует себя человек, и тем, сколько он зарабатывает, конечно, существует. Но после сумм, которые обеспечивают выживание — а этот уровень в развитых странах давно уже перейдён, — она становится очень слабой. Реальный доход и реальное потребление в США с 1950 г. выросли в 3 раза, но столь бурный экономический рост не принёс радости населению. «Я не хочу сказать, что счастье нельзя купить за деньги. Можно, но только люди этого не делают», — уверенно утверждает психолог после серии наблюдений и экспериментов, которые она проводила вместе с профессором Гарвардской бизнес-школы Майклом Нортоном и своей студенткой Ларой Акнин.

Учёные, которые подступили к счастливчикам через 1,5–2 месяца с опросниками, выяснили, что удовольствие от денежного дождя сильно связано с тем, как его использовать. Счастье людей увеличилось пропорционально доле бонуса, которую они потратили на подарки другим и благотворительность. Эффект был довольно значительным.

Что такое деньги?

1) Металлические и бумажные знаки, являющиеся мерой стоимости при купле-продаже. 2) Капитал, средства (он при деньгах).

Слово **деньги** произошло от тюркского теньге. В современном языке слово деньжата — разговорно-просторечная форма. А ещё деньги называют: капуста, валюта, зеленые, баксы, эвро, рубль – рублёвка. Рубль от глагола рубить. Копейка от изображения на монете всадника с копьем.

История денег:

1) Сначала был бартер. 2) В средние века появились банки. Банкиры давали сертификаты под проценты. 3) «Лишние» сертификаты — в результате появились бумажные деньги — банкноты от словосочетания банковские записки.

Какие деньги были в Древней Руси?

В качестве платежного средства древние славяне использовали самые разные предметы: меха — шкурки соболей, белок, лисиц, куниц и других ценных пушных зверей. Использовались также куски ткани – полотна. Отсюда, между прочим, и произошло хорошо известное нам слово — «платить».

Металлические деньги появились на Руси только в конце X века. Конечно, и до этого имели хождение монеты, привезённые из других стран.

Первая русская монета, изготовленная в виде металлического кружка, имела две стороны. На лицевой был изображен воин с копьем, а на другой — трезубец с надписью «Ярославе сребро». Однако выпуск подобных денег продолжался недолго. Вскоре вместо них стали употребляться гривны — слитки серебра весом примерно 200 грамм. Чтобы получить половину гривны, слиток рубили пополам. Отрубленный кусок серебра и получил название рубля.

Само слово «деньги» появилось во время монголо-татарского ига. Оно восходит к наименованию серебряной разменной монеты — «таньга». Понятно, что во время монголо-татарского ига собственных монет на Руси не было. Лишь незадолго до Куликовской битвы Дмитрий Донской выпустил свои деньги.

После этого изготовлением монет стали заниматься многие князья: серпуховские, можайские, дмитровские. Появились монеты и у крупных городов — например, в Ярославле, Пскове и Новгороде.

При Иване Грозном монета начинает чеканиться только в Москве и её непременным атрибутом (признаком) становится изображение всадника с копьем в руке. Это был Георгий Победоносец, изображение которого украшает сегодня герб Москвы. Вот почему эти монеты прозвали копейными деньгами или копейками.

Старые копейки были неровными и редко имели круглую форму. Дело в том, что деньги долгое время чеканились вручную. Маленький кусочек серебра клали на наковальню и сильно ударяли по нему чеканом — тяжёлым молотком, на котором был вырезан рисунок. Поэтому отпечаток получался то сильным, то слабым, попадал то в центр, то в сторону. Одна монета не была похожа на другую.

При Петре I в обращение были введены монеты разного достоинства — гривенники, пятаки, полтинники, рубли. Любопытно, что на пятаке 1724 года рядом с надписью 5 копеек выбивали пять точек, чтобы даже неграмотный человек мог определить достоинство монеты.

ВОПРОСЫ К ТЕКСТУ

1) От чего зависит душевное равновесие и хорошее настроение?
2) Какая связь между тем, насколько счастливым чувствует себя человек, и тем, сколько он зарабатывает?
3) Какие деньги были в истории России?
4) Зачем на пятаке 1724 года рядом с надписью 5 копеек выбивали пять точек?

УРОК 4

Текст 1

 Русская культура в современном мире

Культура — это не только музеи, библиотеки, театры, культура — это среда обитания человека, которую он непрерывно создаёт.

Культура порождает цивилизацию. Существует культура только в национальной форме.

Русская культура — это культура Востока или Запада?

С одной стороны, культура России впитала в себя некоторые черты, присущие и восточной и западной культурам, но главное — то, что она обогатила эти культуры, привнеся много новационного своими лучшими произведениями в том или ином жанре искусства, а главное, культура России во многом специфична.

Россия с точки зрения своего географического положения простирается на огромные пространства, объединяет многие народы и, конечно, культуру этих народов. Особенно важно то, что историческая связь русских, украинцев и белорусов, имеющих общие славянские корни, взаимообогатила и культуры этих народов.

Миссия России определяется её положением среди других народов, тем, что в её составе объединилось до трёхсот народов, больших и малочисленных, которые требовали защиты. Культура России сложилась в условиях этой многонациональности, и Россия была как бы мостом между Востоком и Западом, мостом, прежде всего культурным.

Что дала культура России мировой культуре?

Судить о культуре следует по её лучшим образцам, прежде всего по литературным произведениям. Русская литература, представленная такими именами как А. С. Пушкин[1], Л. Н. Толстой[2], Ф. М. Достоевский[3], Н. В. Гоголь[4], вошла в сокровищницу мировой литературы.

То же можно сказать о русском музыкальном искусстве. Произведения П. И. Чайковского[5], М. П. Мусоргского[6], М. И. Глинки[7], Д. Д. Шостаковича[8], безусловно, являются мировой классикой.

Русская школа живописи — достаточно назвать имена И. Е. Репина[9], А. А. Иванова[10], В. И. Сурикова[11] — имеет богатейшие традиции и во многом обогатила мировое изобразительное искусство.

В целом культура России занимает достойное место в мировом культурном пространстве и является универсальной для понимания и восприятия.

Какие факторы повлияли на становление и эволюцию русской культуры?

Во-первых, философия. Русские философы, прежде всего Н. А. Бердяев[12], отмечали важность творческого самовыражения и всечеловечность духа русского человека. Они подчёркивали необходимость интеграции отечественной и мировой культур.

Другим немаловажным фактором, повлиявшим на становление русской культуры, явилось православие, религиозное начало в душе русских. Особое влияние религии проявилось в средневековой культуре. И даже в современном искусстве влияние это достаточно заметно.

Как культура влияет на развитие русского языка и каково его современное состояние?

Основной характеристикой современного русского языка является сочетание высокого и низкого стилей. Тенденция, определяющая во многом понятие «новояз», — появление излишнего количества «бранных, ругательных слов», что во многом определяется уровнем культуры в обществе.

Другая тенденция — появление большого количества заимствований, т. е. иностранных слов, пришедших в русский язык из других языков, особенно из английского. В различных названиях общественных мест, вывесках на улицах городов, рекламе, в том числе на телевидении, заметно излишество заимствований. В русском языке есть свои, исконно русские слова, которые вполне обоснованны в своём употреблении, например: «выходные дни» вместо «уикенд», «магазин», а не «супермаркет» и т. д. Превалирование переводной рекламы, различного рода сериалов, отличающихся невысоким уровнем художественности, негативно сказывается на формировании духовности и эстетического вкуса людей.

Ещё одной тенденцией современного состояния русского языка является его упрощение. В разговорной речи частотно употребление междометий, аббревиатур, что, кстати, характерно и для ряда европейских языков.

Все эти тенденции волнуют людей, по-настоящему обеспокоенных за судьбу русской культуры.

Из интервью с академиком Дмитрием Сергеевичем Лихачёвым[13]:

— *Вы ровесник века, прожили с ним целую жизнь. Какие нынешние тенденции вас тревожат?*

— Ожесточение и падение культуры во всем мире. Прав был Пушкин: «железный век». Век бесчувственный, основанный на расчёте, век падения культуры. Падение происходило постепенно, иногда даже казалось, что какие-то негативные явления недолговечны, что они не затронут кардинально нашу жизнь, но все оказывалось сложнее и глубже. Как гнилостные бактерии, которые проникают в живую ткань и разрушают её, так и эти процессы имели самые серьёзные последствия. Сейчас уже очевидно, что не существует победного прогресса человечества — всё это выдумки. На чём-то прогресс сказывается даже отрицательно. Меня огорчает примитивное понимание людьми собственной выгоды. Человек увлекается приобретением миллионов, но от своих денег ничего не имеет, не удовлетворен нравственно. Меня огорчает, что эти миллионы не попали к тем, кто нуждается, — в школы, больницы, научные институты, где они принесли бы куда больше пользы и добра.

— *В чем вы видите выход из положения?*

— В образовании. В образовании с воспитательным уклоном. Надо делать всё, чтобы спасти молодое поколение от бездуховности и морального падения. Но пока, к сожалению, происходит обратное.

— *Что, на ваш взгляд, изменилось в культурной жизни Петербурга за последние годы, если эти изменения вообще есть?*

— Скажем, Русский музей[14] сейчас совсем другой, чем был лет 20—30 назад. Кончилось идеологическое давление, переменилось отношение к живописи, и мы стали свидетелями роскошных выставок. Русский авангард, к примеру, — просто новый мир для нас открылся! То же в Эрмитаже[15]: выставки, посвящённые русским императорским династиям, трофейному искусству[16] и так далее. Хотя оба музея сильно пострадали в советское время от продаж, воровства, но то, что удалось сохранить и открыть сегодня, действует на людей с необычайной силой. Хорошо бы проанализировать и тот спектр литературы, которая сегодня выходит. Казалось бы, правят бал детективы[17], порнография и низкопробные дамские романы[18]. Да, всё это есть. Но вместе с тем получила царственное значение философия: издаются десятки замечательных книг по истории философии, серьёзные труды русских и зарубежных философов, богословов.

— *Вам часто приходится общаться с молодёжью, студентами. Какое впечатление от этих встреч?*

— Молодёжь великолепная. Есть главное: стремление к познанию мира, к истине, к нравственному самосовершенствованию, осмыслению себя[19] и истории своей страны.

— *Редко можно услышать такие слова о молодёжи от людей старшего поколения...*

— Не замечают эти процессы главным образом те, кто живёт в больших городах. В провинции всё это лучше видно. Вот, например, город Мышкин на Волге. Там отличная библиотека, где читают лекции, справляют юбилеи русских писателей, устраивают маленькие выставки, есть замечательный краеведческий журнал. В Мышкине запрещено строить кирпичные здания, дома только деревянные, чтобы не менять традиционный облик города. Простой милиционер с братом построили там деревянную церковь во имя Анастасии Узорешительницы, которая примиряет всех. Очень люблю Ярославль[20]: замечательная картинная галерея, ставшая центром культурной жизни; прекрасные молодые учёные, которые занимаются научной работой. Милые, доброжелательные, удивительные люди. Так что Москва и Петербург совершенно напрасно задирают нос. Мне ближе те, кто не возвышается над другими, а незаметно, но добросовестно делает своё дело.

— *Дмитрий Сергеевич, вы говорите о падении культуры, но и видите много позитивного в современной жизни. Надежда всё-таки есть, несмотря на «жестокий век»?*

— Я не могу сказать, что «несмотря на». Эти вещи происходят параллельно. С одной стороны, падение культуры, с другой — её подъём. Я даже зрительно

УРОК 4

вижу, как мощные потоки идут рядом, подобно радуге, а иногда смешиваются. Добро вливается в какую-то массу иного цвета, происходит раздвоение, «растроение» цвета, перетекание одного в другой, а это и есть жизнь. Жизнь — разнообразие. Если возникает разнообразие, за ним обязательно явится личность.

КОММЕНТАРИИ

1. **А.С.Пушкин** — величайший русский поэт и писатель, родоначальник новой русской литературы, создатель русского литературного языка.

2. **Л.Н.Толстой** — великий русский писатель, прозаик и драматург, видный общественный деятель, автор бессмертных произведений: «Детство», «Отрочество», «Юность», «Война и мир», «Анна Каренина», «Воскресение», «Исповедь», «Плоды просвещения» и многое другое.

3. **Ф.М.Достоевский** — величайший русский писатель, автор бессмертного произведения «Преступление и наказание», а так же «Братья Карамазовы», «Идиот» и др.

4. **Н.В.Гоголь** — великий русский писатель, автор бессмертных произведений: «Вечера на хуторе близ Диканьки», «Арабески», «Миргород», «Ревизор», «Мёртвые души» и др.

5. **П.И.Чайковский.** Музыку Чайковского отличает эмоциональная выразительность и драматичность. Его оперы и симфонии написаны в романтичном стиле. Оперы: «Воевода», «Ундина», «Опричник», «Евгений Онегин», «Орлеанская дева», «Пиковая дама», «Иоланта». Балеты: «Лебединое озеро», «Спящая красавица», «Щелкунчик» и др.

6. **М.П.Мусоргский** — знаменитый русский композитор, член «Могучей кучки», основатель нового оперного искусства, автор знаменитых опер на темы русской истории: «Борис Годунов», «Хованщина».

7. **М.И.Глинка** — великий русский композитор, родоначальник русской классической музыки. «Иван Сусанин», «Ночной смотр», «Херувимская», «Вальс-фантазия», «Руслан и Людмила».

8. **Д.Д.Шостакович** — советский композитор, пианист, педагог, музыкально-общественный деятель, Народный артист СССР, Герой Социалистического

Труда, доктор искусствоведения. Седьмая симфония – выдающийся памятник героизму советского народа в годы Великой Отечественной войны.

9. **И.Е.Репин.** Поэтический мир художника — явление, обладающее необычайной внутренней целостностью. Целостность эта была органически связана с общим характером русской демократической художественной культуры второй половины XIX века. «Бурлаки на Волге», «Проводы новобранца», «Царевна Софья», «Иван Грозный и его сын Иван» и др.

10. **А.А.Иванов** — художник–мыслитель, теоретик, по определению Н. Г. Чернышевского, «принадлежал по своим стремлениям к небольшому числу избранных гениев, которые решительно становятся людьми будущего», «Явление Христа Марии Магдалине», «Явление Христа народу», пейзажи и др.

11. **В.И.Суриков** — вошёл в историю русского искусства прежде всего как исторический живописец. В своих произведениях он показал историю, «творимую и движимую самим народом». «Боярыня Морозова», «Утро стрелецкой казни», «Меншиков в Березове», «Взятие снежного городка» и др.

12. **Н.А.Бердяев** — русский религиозный философ. От легального марксизма он перешёл к богоискательству, к философии личности и свободы. Работы в основном посвящаются философии, истории, социальной философии и др. В 1922–г. он был выслан за границу.

13. **Д.С.Лихачёв** — русский филолог, член (академик) АН СССР, затем Российской академии наук.

14. **Государственный Русский музей** — первый в стране государственный музей русского изобразительного искусства, основан в 1895 году в Санкт-Петербурге по Указу императора Николая II. Сегодня это уникальное хранилище художественных ценностей, известный реставрационный центр, авторитетный научно–исследовательский институт, один из крупнейших центров культурно-просветительской работы, научно–методический центр художественных музеев Российской Федерации.

15. **Государственный Эрмитаж** в Санкт-Петербурге — крупнейший в России и один из крупнейших в мире художественных и культурно–исторических музеев. Поначалу представлял собой коллекцию произведений искусства, приобретённых в частном порядке российской императрицей Екатериной II, но с 1852 был открыт для посещения публики.

16. **трофейное искусство** — разновидность перемещённых культурных ценностей: предметы и документы, имеющие большую историческую, научную, художественную, культурную ценность, и захваченные во время Второй мировой войны и короткий послевоенный период.

17. **правят бал детективы** — в основном большой интерес проявлен к современным, невысокого художественного уровня детективам.

18. **низкопробные дамские романы** — плохого художественного качества романы, написанные современными писательницами.

19. **стремление к осмыслению себя** — стараться понять, кто ты, для чего живёшь на свете, в чём твое призвание.

20. **Ярославль** — город в России, административный центр Ярославской области и Ярославского района, городской округ.

СЛОВАРЬ

присущий: свойственный кому–чему–л. 固有的

новационный; новация: новшество, нововведение. 更新；〈书〉新制度；新事物

специфичный: свойственный только данному предмету, лицу, явлению и т.п.; характерный, отличительный. 特殊的；独特的

сокровищница: место хранения, помещение для сокровищ, драгоценностей; совокупность каких–л. культурных, духовных ценностей. 宝库

эволюция: процесс постепенного и непрерывного изменения кого–, чего–л. от одного состояния к другому; развитие. 发展，渐变；演变

интеграция: объединение в одно целое каких–л. частей. 集成，联合，一体化

новояз: о языке советского времени, отличавшемся идеологизированностью, косностью, громоздкими канцелярскими фразами. 指苏联时期意识形态色彩浓厚、累赘的公文式语言

бранный: ругательный. 骂人的

заимствование: то, что перенято, взято, почерпнуто откуда–л. 借用物，外来词语

вывеска: доска или лист с надписью, рисунком, сообщающими о названии и роде деятельности предприятия, учреждения и т.п. 招牌，牌子

исконный: существующий с самого начала, с незапамятных времён, всегда.〈书，雅〉自古以来的，历来的，素来的

превалировать： (над кем-чем 或无补语) иметь преимущество, перевес; преобладать.〈书〉占优势，占上风

негативно: отрицательно. 负面地，消极地

эстетический: художественный, относящийся к чувству прекрасного, к красоте и её восприятию. 美学的，审美的

междометие: (в грамматике) неизменяемое слово, непосредственно выражающее эмоциональную реакцию, чувство, ощущение. 感叹词

аббревиатура: условное сокращение слов или слова. 缩写；缩写词

кардинально; кардинальный: главный, самый существенный. 最重要的，基本的

гнилостный: вызывающий гниение. 能引起腐烂的

примитивный: простейший, несложный по выполнению, устройству; недостаточно глубокий, слишком упрощенный. 原始的，粗浅的，不发达的

уклон: наклон; направленность к чему-л., к какой-л. специализации. 倾斜；偏重，侧重

идеологический; идеология: система взглядов, идей, характеризующих какую-л. социальную группу, класс, политическую партию, общество. 意识形态

авангард: передовая, ведущая часть общественной группы.〈转〉先锋

династия: ряд последовательно правящих монархов из одного и того же рода. 王朝，朝代

трофей: имущество, боеприпасы и т.п., захваченные при победе над врагом. 战利品

спектр: совокупность цветовых полос, получающихся при прохождении светового луча через преломляющую среду; совокупность всех значений какой-л. величины, характеризующей систему или процесс. 光谱，波谱；范围

порнография: непристойная натуралистичность, цинизм в изображении половых отношений. 色情描写；色情文学或影视作品

богослов: специалист по богословию. (某种宗教)学家，神学家

справить[完]; справлять[未]: отпраздновать по обычаю. 庆祝，操办

краеведческий; краеведение: изучение отдельных местностей страны с точки зрения их географических, культурно-исторических, экономических, этнографических особенностей. 地方志，方志学

УРОК 4

задрать[完]; **задирать**[未]: поднять кверху. 撩起, 扬起

возвыситься[完]; **возвышаться**[未]: получить более важное значение, занять более высокое положение; о чём-л. высоком: стоять, находиться где-л., выделяясь среди чего-л. своей высотой, выситься. 居高临下; 高耸

позитивный: то же, что положительный. 正面的, 肯定的

параллельно; параллельный: являющийся прямой, не пересекающей другой прямой, лежащей с ней в одной плоскости; происходящий одновременно и рядом с чем-л.; такой же, сопутствующий. 平行的, 同时的

радуга: разноцветная дуга на небесном своде, образующаяся вследствие преломления солнечных лучей в дождевых каплях. 彩虹

ВОПРОСЫ К ТЕКСТУ

1) Русская культура — это культура Востока или Запада?
2) Что привнесла культура России в мировую культуру?
3) Как характеризует Д.С.Лихачёв состояние культуры во всём мире?
4) Какое значение вкладывает Лихачёв в пушкинское определение «железный век»?
5) Как относится Лихачёв к идее неизбежности победы прогресса?
6) Какое понимание «выгоды» Лихачёв считает примитивным?
7) Какую роль в современном мире отводит Лихачёв образованию?
8) Какие примеры позитивных изменений в современной культурной жизни приводит Д.С.Лихачёв?
9) Как Д.С.Лихачёв характеризует современную молодёжь?
10) Чем объясняет Лихачёв различие в оценках молодёжи между жителями столичных городов и провинциалами?
11) Что отмечает академик Лихачёв в жизни провинции?
12) Как понимает разнообразие жизни академик Лихачёв?

ЗАДАНИЯ

I. Переведите на китайский язык следующие предложения.

1) Россия впитала в себя некоторые черты, присущие и восточным и западным культурам.

2) Мне ближе те, кто не возвышается над другими, а незаметно, но добросовестно делает своё дело.

3) Добро вливается в какую-то массу иного цвета, происходит раздвоение, «растроение» цвета, перетекание одного в другой, а это и есть жизнь.

4) Миссия России определяется её положением среди других народов, тем, что в её составе объединилось до трёхсот народов, больших и малочисленных, которые требовали защиты.

5) Другим немаловажным фактором, повлиявшим на становление русской культуры, явилось православие, религиозное начало в душе русских.

6) В различных названиях общественных мест, вывесках на улицах городов, рекламе, в том числе на телевидении, заметно излишество заимствований.

7) Меня огорчает примитивное понимание людьми собственной выгоды. Человек увлекается приобретением миллионов, но от своих денег ничего не имеет, не удовлетворен нравственно.

8) Меня огорчает, что эти миллионы не попали к тем, кто нуждается, — в школы, больницы, научные институты, где они принесли бы куда больше пользы и добра.

II. Замените выделенные слова или словосочетания синонимическими.

1) Но главное — то, что она обогатила эти культуры, <u>привнеся много новационного</u> своими лучшими произведениями <u>в том или ином жанре</u> искусства.

2) Что, <u>на ваш взгляд</u>, изменилось в культурной жизни Петербурга за последние годы?

3) Судить о культуре <u>следует</u> по её лучшим образцам, прежде всего по литературным произведениям.

4) <u>То же можно сказать о</u> русском музыкальном искусстве.

УРОК 4

5) <u>Меня огорчает</u>, что эти миллионы не попали к тем, <u>кто нуждается</u>, — в школы, больницы, научные институты, где они принесли бы куда больше пользы и добра.

6) Но пока, к сожалению, <u>происходит обратное</u>.

7) Так что Москва и Петербург <u>совершенно напрасно задирают нос</u>.

8) Век бесчувственный, <u>основанный на расчёте</u>, век падения культуры.

III. Поставьте вместо точек подходящую форму имён прилагательных:

характерный, присущий, свойственный, специфичный

1) Какие рыночные структуры в наибольшей степени ... современной развитой экономике?

2) Электронный каталог — аналог печатных каталогов, но с ... компьютерным программам гибкостью, скоростью поиска информации, доступностью и дружественным интерфейсом.

3) ... для этого времени является проект храма Христа Спасителя в Москве, разработанный К. А. Тоном.

4) Городские окрестности ... тем, что тут сохранились две дворянские усадьбы.

5) Доброта и честность, благородство и порядочность — такие положительные качества ... «русскому характеру».

6) Это позволит вам избежать множества ошибок, ... новичкам на начальном этапе.

7) Вкусовые качества плодов этого дерева настолько ..., что заменить другим продуктом его невозможно.

IV. Определите и сопоставьте значения глагола *менять* с разными приставками.

заменить – заменять, изменить – изменять, измениться – изменяться, наменять, обменять – обменивать, обменяться – обмениваться, отменить – отменять, переменить, перемениться, променять, подменить – подменять, разменять – разменивать, разменяться – размениваться, сменить – сменять, смениться – сменяться

V. Вставьте вместо точек глагол *менять* с разными приставками.

1) Мой друг ... квартиру и живёт теперь далеко от меня.

2) После семи лет ребёнка словно ..., он совсем перестал слушаться родителей, хотя раньше не доставлял им никаких проблем.

3) Нас устраивает девушка, которая работает сейчас. Вы не могли бы ... её на пару месяцев? Потому что ей рожать надо, а потом она сразу же выйдет на работу.

4) Из-за плохих погодных условий ... свыше 20 рейсов в Москве.

5) За несколько дней в больнице Верочка с Машей сблизились. ... адресами, Маша обещала даже приехать в гости.

6) В школе до часу дня с первоклассниками занимаются учителя, а после уроков, на продлёнке, их ... воспитатели.

7) Чувство юмора не ... ему даже в самых трудных ситуациях и тем самым не раз его выручало.

8) Недавно они ... свои две комнаты в центре на однокомнатную квартиру.

9) В юности он верил, что человеку многое по силам, что он сможет ... мир к лучшему.

VI. Трансформируйте предложения, употребив глаголы группы *менять*.

1) Мне нужно будет взять такси, а у меня только пятитысячная купюра. У кого есть более мелкие деньги?

2) Он думал, что все сомнения и мрачные мысли уйдут с наступлением рассвета, но, когда он проснулся, всё осталось по-прежнему.

3) Выходя из театра после премьеры нового спектакля, зрители оживлённо высказывали друг другу своё мнение о нём.

4) В жизни Иван встречал много хороших людей, которые становились его добрыми знакомыми, но никто так и не смог стать для него тем, кем был Николай, друг его молодости, погибший в горах.

5) Уже объявили посадку, но через несколько минут сообщили, что вылет не состоится.

6) Директора завода вызвали на совещание в другой город, и в это время все вопросы решал за него главный инженер.

7) Вслед за ненастным, хмурым вечером наступила ясная звездная ночь.

8) После развода с женой Илья стал совсем другим человеком — совсем потерял интерес к жизни, другим людям. Даже близкие друзья с трудом узнавали в нём прежнего общительного оптимиста.

VII. Составьте небольшие тексты, стараясь употребить все данные конструкции.

Группа А	Группа Б
впитать в себя;	с точки зрения;
в том или ином;	сложиться в ...условиях;
в целом;	влиять на становление;
различного рода;	основанный на расчёте;
главным образом;	с ... уклоном;

VIII. Переведите предложения на русский язык.

1) 中国是一个多民族的大国。在长期的历史进程中，中华民族吸收了多民族的文化元素，形成了丰富而统一的中国文化。

2) 俄罗斯的许多文化成就已经成为世界文化宝库中的珍品。

3) 目前，俄罗斯各党派、各阶层应该团结一致，消除分歧，努力发展经济，提高人民生活水平。

4) 俄罗斯幅员辽阔，物产丰富，人口稀少，这些特点为其发展提供了巨大潜力。

5) 韩餐的特点是辛辣，这与他们生活的自然环境和文化传统有关。

6) 谈到中国哲学的古老、博大和精深，只需提到孔子、老子、孟子等古代哲人的名字就足以说明问题了。

7) 近代外国列强对中国的侵略和奴役在一定程度上对中国人的民族性格也产生了一定影响。

8) 普希金的文学思想和创作实践对俄罗斯文学的形成和发展都起到了巨大的推动作用，他的作品已成为俄罗斯文学各种体裁的典范。

9) 有些婚姻的基础不是爱情，而是出于算计。所以有人开玩笑说女人上个好大学不如嫁个好老公。在我看来，靠谁都不如靠自己，因为生活常常会把你推到无人可靠的境地。

IX. О каких качествах и свойствах русского характера говорится в данных пословицах? Переведите их на китайский язык.

1) Совесть без зубов, а загрызет.

2) Береги платье снову, а честь смолоду.

3) Кто старое помянет, тому глаз вон.

4) В ком добра нет, в том и правды мало.

5) Одной рукой собирай, другой – раздавай.

6) Богатому не спится, богатый вора боится.

7) Терпение и труд все перетрут.

8) Копейка к копейке, проживёт и семейка.

X. Существуют ли в китайском языке пословицы и поговорки, в которых говорится о национальных чертах китайского народа? Найдите несколько примеров и попытайтесь перевести их на русский язык.

XI. Выскажите своё мнение о следующем утверждении академика Д.С. Лихачёва:

Эти вещи происходят параллельно. С одной стороны, падение культуры, с другой — её подъём.

XII. Напишите сочинение на тему «Характер китайской нации» по предлагаемым вопросам:

1) Что повлияло на характер китайской нации?

2) Какие качества характера присущи китайской нации?

3) В чём больше всего проявляются национальные особенности страны?

4) Какую черту китайской нации можно назвать отличительной?

5) Какие черты и качества характера осуждаются народом?

6) Что для китайского народа главное в жизни? Подтвердите это примером из истории страны.

Текст 2

Зеркало души русских (I)

Средством выражения мысли, как известно, служит язык. Русский язык можно по праву считать зеркалом души русских. В русском языке нашёл отражение живой, острый русский ум, «что не лезёт за словом в карман», по словам Н.В.Гоголя, а также точность, меткость, выразительность слова, глубина и богатство оттенков чувств. Всё это — веское доказательство одарённости русского народа. Не случайно замечательный русский писатель И.С.Тургенев утверждал: «Нельзя верить, чтобы такой язык не был дан великому народу!» Кладезем народной мудрости являются пословицы и поговорки. В русском языке, как и в любом другом, их бесчисленное множество, в них выражаются нравственные идеалы русского народа.

Идеал нравственности у русского народа сформировался на протяжении веков. Самое большое место в народном сознании занимают представления *о душе, стыде, совести, грехе, доброте, справедливости и правде*. Об этом можно судить по огромному количеству пословиц и поговорок. Для русских «душа всего дороже», «душа всему мера». Отсюда и выражения: «жить душа в душу», «говорить по душам», «отдавать душу», «кривить душой». Главное же — прожить жизнь по-доброму, по справедливости, по совести, а это значит — не гнаться за богатством, за наживой, не преследовать материальный расчёт, не испытывать жадности к деньгам и вещам. Как цель жизни это считается недостойным. Отсутствие совести, стыда означает моральную смерть: «Умри, коли стыда нет».

К народным идеалам можно также отнести смирение, кротость, незлобивость. «Смирение — Богу угождение, уму просвещение, душе спасение, дому благословение и людям утешение», — говорится в народных пословицах. Зато злопамятство претит русскому человеку, поэтому при прощании принято говорить: «Не поминай лихом», то есть не помни зла.

ВОПРОСЫ К ТЕКСТУ

1) Почему автор говорит, что русский язык можно по праву считать зеркалом души русских?
2) Какие представления в народном сознании занимают самое большое место?
3) Чем ещё характеризуется русский характер?
4) Почему при прощании у русских принято говорить: «Не поминай лихом»?

УРОК 5

Текст 1

Формы получения образования

Образование в Российской Федерации — целенаправленный процесс воспитания и обучения в интересах человека, общества, государства, сопровождающийся констатацией достижения гражданином (обучающимся) установленных государством образовательных уровней (образовательных цензов).

В Российской Федерации с учётом потребностей и возможностей личности образовательные программы осваиваются в следующих формах: в образовательном учреждении — в форме очной[1], очно-заочной[2] (вечерней), заочной; в форме семейного образования, самообразования, экстерната.

В последние годы интенсивно развивается дистанционное образование[3]. Допускается сочетание различных форм получения образования.

Дошкольное образование в России

Наиболее распространённым является детский сад. Основными задачами дошкольного учреждения в России являются:

Охрана жизни и укрепление здоровья детей;

Обеспечение интеллектуального, личностного и физического развития ребёнка;

Осуществление необходимой коррекции отклонений[4] в развитии ребёнка;

Приобщение детей к общечеловеческим ценностям;

Взаимодействие с семьёй для обеспечения полноценного развития ребёнка.

Начальная школа — уровень среднего образования (1–3, 1–4 классы), на котором учащемуся даются самые необходимые и поверхностные знания, а также прививается пристрастие, любовь и уважение ко всему духовному, нравственному, кроме того, умение логически мыслить.

Школы в современной России

Обычно в общеобразовательное учреждение поступают в 6 или 7 лет и оканчивают её в 17 лет. Обучение, таким образом, продолжается 11 или 10 лет, соответственно. Учебный год начинается 1 сентября и оканчивается в конце мая или в июне. Каждый учебный год делится на 4 четверти. Между каждыми четвертями есть каникулы (летние, осенние, зимние, весенние). В конце каждой четверти выставляется итоговая оценка по всем изучаемым предметам, а в конце каждого года — годовая оценка. Иногда вместо или вместе с оценками за четверть ставятся и оценки за полугодие. При неудовлетворительных годовых оценках ученик может быть оставлен на второй год.

В конце последнего класса, а также в конце 8 класса (или 9 класса при 11-летнем обучении), ученики сдают экзамены по части предметов. По результатам экзаменов и годовых оценок в соответствующем году выставляются оценки в аттестат зрелости[5]. По тем предметам, по которым нет экзаменов, в аттестат ставится годовая оценка.

Обязательно лишь обучение до 11 класса. После его окончания ученик получает свидетельство о полном среднем образовании (в Российской Федерации — Аттестат об основном общем образовании), но после 9-го класса ученик может продолжить обучение в профессиональном учебном заведении (ПТУ, СПТУ[6]), где помимо прочего также возможно окончание обучения по программе полного среднего образования, или в средне-специальное (техникум, колледж, ряд училищ: медицинские, педагогические), где может получить среднее-специальное образование и квалификацию, как правило, техника или младшего инженера, или даже сразу начать работать. Для поступления в высшее учебное заведение обычно требуется полное среднее образование: аттестат средней школы, либо документ об окончании среднего профтехучилища, либо диплом техникума, а так же результат ЕГЭ[7].

В большинстве школ приняты 5-дневная (с выходными днями в субботу и воскресенье) или 6-дневная неделя (выходной — воскресенье). Ежедневно по 4-7 уроков (иногда до 8 и даже 9) (чем старше класс, тем больше уроков), каждый урок по 35–40 минут (в некоторых школах в начальных классах), в остальных — по 45 минут, перемены между ними по 10–20 минут. Кроме обучения в классах ученики выполняют домашние задания (для младших школьников задания на дом может по усмотрению учителя и не быть).

В системе общего образования могут также быть специализированные средние школы или отдельные классы (предпрофильные и профильные): с углублённым изучением ряда предметов — иностранного языка, физико-математические, химические, инженерные, биологические и т. п.

Кроме общеобразовательных школ в России, есть и учреждения дополнительного образования детей — музыкальные, художественные, спортивные и т. д., которые не решают задач общего образования, а ориентированы на цели развития у детей творческого потенциала, выбора ими жизненного самоопределения, профессии.

Оценки

В школах не различают оценки (как качественную информацию обратной связи) и отметки (количественное выражение оценки). Поэтому оценкой называют всё: и отметки, и собственно оценки. Оценки в школах ставятся, как правило, по пятибалльной системе (от 1 до 5). Неудовлетворительными являются оценки 1 и 2 (официальное название — *неудовлетворительно*). Оценка 3 (официальные названия — *удовлетворительно* или *посредственно*) является минимальной удовлетворительной оценкой и, как правило, считается плохой. Оценка 4 (официальное название — *хорошо*) часто считается «средней». Оценка 5 (официальное название — *отлично*) является лучшей возможной.

Колледж в России

В России в колледжах предоставляется среднее профессиональное образование. Выпускники получают квалификацию техник или старший техник по соответствующей специальности. Диплом колледжа даёт право на поступление в вуз.

Обучение продолжается обычно 3 года (по некоторым специальностям 2 года, повышенный уровень 4 года). Обучающиеся в колледжах имеют статус студентов, им выдаётся студенческий билет и зачётная книжка. По окончании выпускникам выдаётся диплом о среднем профессиональном образовании по соответствующей специальности и присваивается квалификация «техник» или «старший техник». Диплом о среднем профессиональном образовании даёт право его обладателю поступать на работу на соответствующие должности, а также продолжить образование в вузе по любой специальности, наравне с выпускниками

11-х классов школ, ПТУ и профессиональных лицеев.

Университеты в России

Университет — высшее учебное заведение, где обучаются специалисты по фундаментальным и многим прикладным наукам. Как правило, университет осуществляет и научно-исследовательскую работу. Многие современные университеты действуют как учебно-научно-практические комплексы. Университеты объединяют в своём составе несколько факультетов, на которых представлена совокупность различных дисциплин, составляющих основы научного знания.

Первым университетом на нынешней территории России был основанный в 1544 году Кёнигсбергский университет «Альбертина» в нынешнем Калининграде.

Однако в советские времена было принято считать первым в России Московский университет (основан в 1755 году).

Высшее профессиональное образование.

Реформы в отечественном высшем образовании начались в 1992 г. с принятием федерального Закона «Об образовании». Он узаконил новые для нас понятия: бакалавриат, магистратура, многоуровневая система. Но, не ломая сложившуюся систему, сохранил и включил в новую и старую, одноступенчатую систему подготовки специалистов, предоставляя вузам самим определяться, по какой программе готовить выпускников. Это даёт и вузам, и студентам новые возможности, но одновременно вносит некоторую сложность, связанную с необходимостью выбора.

Федеральный Закон «О высшем профессиональном и послевузовском образовании» 1996 г. определяет 3 уровня (или ступени) высшего образования следующим образом:

первая ступень: неполное высшее со сроком обучения 2 года;

вторая ступень: базовое высшее (бакалавриат) со сроком обучения 4 года;

третья ступень: «дипломированный специалист» со сроком подготовки 5 лет (ранее существовавшая модель) и «магистр» со сроком подготовки 6 лет (новая модель).

Двухступенчатая модель высшего образования «бакалавриат-магистратура» сегодня действует во многих государствах мира и в большей части европейских стран. Бакалаврами становится основная часть студентов вузов, так как этот уровень считается оптимальным для старта профессиональной деятельности.

УРОК 5

В магистратуру поступают либо нацеленные на научную деятельность выпускники бакалавриата, либо лица после нескольких лет работы по окончании вуза и выявления наиболее интересной для личного карьерного роста специализации.

В российском высшем профессиональном образовании бакалавриат является самым молодым уровнем и имеет пока ограниченное распространение. Но с 2010 года в нашей стране введена двухуровневая система обучения в вузах: бакалавриат (3 — 4 года) и магистратура (ещё 2 года). В медицинских, инженерных, педагогических, творческих университетах сохранится непрерывный пятилетний специалитет.

Ступень специалитета — самый популярный уровень в системе российского образования (5 лет обучения) на сегодняшний день. Между тем, современного работодателя всё больше интересуют универсальные специалисты (бакалавры), чтобы лишь после некоторого времени работы сотрудника можно было сориентировать на более узкое направление.

Бакалавр — в действующей системе образования это выпускник вуза, получивший базовое высшее профессиональное образование (в терминологии государственного образовательного стандарта— ГОС, образование по некоторому выбранному направлению). Или, проще сказать, бакалавр — это выпускник вуза, который учился 4 года и получил фундаментальную подготовку без какой-либо узкой специализации.

Магистратура — лучший путь для бакалавра к вершинам квалификации. Обучение длится 2 года и завершается защитой выпускной работы – магистерской диссертации и присвоением степени магистра.

Уровни образования

Общее образование:

    Дошкольное образование;

    Начальное общее образование;

    Основное общее образование;

    Среднее (полное) общее образование;

    Дополнительное образование детей.

Профессиональное образование:

    Начальное профессиональное образование;

Среднее профессиональное образование;

Высшее профессиональное образование;

Бакалавриат;

Магистратура.

Послевузовское профессиональное образование:

Аспирантура;

Докторантура;

Повышение квалификации;

Второе высшее образование;

Переподготовка;

Профессиональная подготовка.

КОММЕНТАРИИ

1. **очная форма образования** — обучение с постоянным посещением занятий.

2. **очно-заочная (вечерняя) форма образования** — не требующая постоянного посещения занятий, опирающаяся на самостоятельное изучение предмета.

3. **дистанционное образование** — на расстоянии; действующее на определённом расстоянии образование.

4. **коррекция отклонений** — исправление некоторой ненормальности, странности в поведении.

5. **аттестат зрелости** — официальный документ об окончании среднего учебного заведения.

6. **СПТУ** — среднее профессионально-техническое училище.

7. **Единый государственный экзамен (ЕГЭ)** — централизованно проводимый в Российской Федерации экзамен в средних учебных заведениях. При проведении экзамена на всей территории России применяются однотипные задания и единые методы оценки качества выполнения работ. С 2009 года ЕГЭ является единственной формой выпускных экзаменов в школе и основной формой вступительных экзаменов в вузы.

УРОК 5

СЛОВАРЬ

констатировать[未, 完]: установить, отметить несомненное наличие чего-л. 〈书〉断定(某事实)存在, 指出确有(某事实); 查出, 查明; 检定

ценз: условия доступа лица к пользованию теми или иными политическими правами. (享受政治权利的)资格, (从事某种活动所应具备的)条件

учёт; учесть[完]; учитывать[未]: принять во внимание, в соображение. 注意(到), 考虑(到)

очный: происходящий при личной встрече, при непосредственном контакте. 当面的, 面授的

заочный: происходящий, совершающийся в отсутствие заинтересованного лица; не требующий постоянного посещения занятий, опирающийся на самостоятельное изучение предмета. 非当面的, 函授的

экстернат [тэ]: установленный порядок сдачи экзаменов за курс учебного заведения для тех, кто не обучался в нём. 校外考生制度

дистанционный: производимый на расстоянии; действующий на определённом расстоянии. 远距离的

интеллектуальный; интеллект: ум, мыслительная способность, умственное начало у человека. 智力

коррекция: исправление, выправление характера изменения величины, протекания процесса с целью их поворота в требуемое русло. 校正

отклонение: некоторая ненормальность, странность в поведении. 偏差, 偏离

приобщение; приобщить[完]; приобщать[未]: (кого к чему) познакомить с чем-л., посвятить во что-л. 使……熟悉, 使……掌握

привиться [完]; прививаться [未]: приспособиться к местным условиям (о растениях); закрепиться, укорениться; стать привычным. (植物)习惯于新气候(或环境); 〈转〉成为习惯; 风行起来

пристрастие: сильная склонность, влечение к чему-л; предвзятое отношение к кому-, чему-л. 入迷, 嗜好; 偏爱

логически: в соответствии с законами и принципами логики. 符合逻辑地

俄语 5

общеобразовательный: дающий общее (а не специальное) образование. 普通教育的

четверть: четвертая часть учебного года в школе, отделяемая от других каникулами. 学季（四分之一学年）

итоговый; итог: вывод, заключение, результат. 总结；结果

неудовлетворительный: не удовлетворяющий каким-л. требованиям; плохой. 不合要求的；不及格的

аттестат: официальный документ об окончании учебного заведения, о присвоении звания. 毕业证书

свидетельство: официальный документ, удостоверяющий что-л. 证明(书)，证明文件

техникум: среднее профессиональное учебное заведение. 中等职业技术学校

колледж: образовательное учреждение среднего профессионального образования. 中等职业专科学校

квалификация: степень подготовленности к какому-л. виду деятельности. 技能水平（等级），熟练程度

техник: специалист в какой-л. области техники, получивший среднее техническое образование; человек, работающий в области техники, технических наук. (受过中等技术教育的)专业技术人员；技术员

усмотрение: заключение, мнение, решение. 斟酌(处理)，酌定

профильный; профиль: совокупность специфических черт, характеризующих какую-л. профессию.〈书〉专业，专长

потенциал: степень мощности в каком-л. отношении, совокупность всех средств, возможностей, необходимых для чего-л. 潜力，潜能

отметка: указывающий на что-л.; оценка степени знаний и поведения учащихся. 记号；(学生的)分数

наравне: (с кем-чем) на одной линии (высоте, глубине и т.п.); на одном, одинаковом уровне, в равноценном положении, состоянии. 与……一样(高低、深浅等)；与……同样(价值、水平等)

лицей: среднее учебное заведение в некоторых странах. (部分国家的)中学

прикладной: имеющий практическое значение, применяемый на практике. 实用的，应用的

узаконить[完]; узаконивать[未]: придать чему-л. законную силу, утвердить где-

УРОК 5

л., в чём-л. на основании закона, официального документа. 使合法化, 使有法律根据

бакалавриат: это первая ступень высшего профессионального образования, обучение на которой рассчитано на 4 года. 学士制

магистратура: последующая ступень высшего профессионального образования, позволяющая углубить специализацию по определённому профессиональному направлению. 硕士制

дипломированный: получивший диплом. 有证书的; 合格的

оптимальный: самый благоприятный; наилучший; наиболее подходящий, соответствующий желательным условиям. 最适宜的; 最佳的

нацеленный: направленный на определённую цель. 瞄准特定方向的, 有特定目的的

сориентировать[完]; ориентировать[未]: дать возможность определить по каким-л. ориентирам своё положение или направление своего движения на местности или в пространстве; (на кого-что) определить, указать направление, характер деятельности. 使……确定方向; 使……定位

терминология: совокупность, система терминов, употребляемых в какой-л. области знания, искусства, общественной жизни. (某一学科的) 术语, 术语学

фундаментальный: основательный, глубокий. 基础的, 基本的

ВОПРОСЫ К ТЕКСТУ

1) Какие существуют формы образовательных программ?
2) Что значит дистанционное образование?
3) Какие формы дошкольного образования наиболее распространены?
4) Каковы основные задачи дошкольного образования?
5) Какие знания даёт начальная школа?
6) Сколько лет надо учиться в общеобразовательной школе?
7) Когда начинается и заканчивается учебный год? Какие и когда бывают каникулы?
8) В каких классах сдают экзамены? Какой документ получают после окончания школы?

9) Где можно продолжить образование после окончания девятого класса?

10) Какие документы требуются для поступления в вуз?

11) Какая обычно принята в школах учебная неделя и сколько времени длится урок?

12) Какие учреждения дополнительного образования есть для детей и каковы их функции?

13) Какова система оценивания знаний?

14) Когда был основан первый российский университет?

15) В каком году начались реформы высшего образования и какова их суть?

ЗАДАНИЯ

I. Объясните своими словами значение выделенных слов и словосочетаний в данных высказываниях, переведите предложения на китайский язык.

1) В российском высшем профессиональном образовании бакалавриат является самым молодым уровнем и имеет пока ограниченное распространение.

2) А также прививается пристрастие, любовь и уважение ко всему духовному, нравственному, кроме того, умение логически мыслить.

3) В системе общего образования могут также быть специализированные средние школы или отдельные классы (предпрофильные и профильные): с углублённым изучением ряда предметов.

4) Диплом о среднем профессиональном образовании даёт право его обладателю продолжить образование в вузе по любой специальности, наравне с выпускниками 11-х классов школ.

5) Есть и учреждения дополнительного образования детей — музыкальные, художественные, спортивные и т. д., которые не решают задач общего образования, а ориентированы на цели развития у детей творческого потенциала.

6) Современного работодателя все больше интересуют универсальные специалисты (бакалавры), чтобы лишь после некоторого времени работы сотрудника можно было сориентировать на более узкое направление.

УРОК 5

7) Бакалаврами становится основная часть студентов вузов, так как этот уровень считается оптимальным для старта профессиональной деятельности.

8) В магистратуру поступают либо нацеленные на научную деятельность выпускники бакалавриата, либо лица после нескольких лет работы по окончании вуза и выявления наиболее интересной для личного карьерного роста специализации.

II. Перефразируйте предложения, заменяя выделенные слова или словосочетания близкими по смыслу выражениями.

1) Для младших школьников задания на дом может по усмотрению учителя и не быть.

2) Однако в советские времена было принято считать первым в России Московский университет (основан в 1755 году).

3) Закон «Об образовании» узаконил новые для нас понятия: бакалавриат, магистратура, многоуровневая система. Но, не ломая сложившуюся систему, сохранил и включил в новую и старую.

4) В Российской Федерации с учётом потребностей и возможностей личности образовательные программы осваиваются в следующих формах.

5) При неудовлетворительных годовых оценках ученик может быть оставлен на второй год.

6) Реформы в отечественном высшем образовании начались в 1992 г. с принятием федерального Закона «Об образовании».

7) Это даёт и вузам, и студентам новые возможности, но одновременно вносит некоторую сложность, связанную с необходимостью выбора.

III. Выберите самое подходящее из данных слов, поставьте ваш выбор в пропуски в нужной форме.

> выдавать–выдать, присваивать–присвоить, удостаивать–удостоить, награждать–наградить, присуждать–присудить

1) Ты знаешь, что наш «многоуважаемый» писатель Власов _____ себе чужой роман, выставя своё имя на книге.

2) Народный суд _____ его к двухлетнему заключению.

69

3) Правительство _____ молодого солдата орденом Защитника Отечества за мужество и отвагу.

4) Зрители _____ высокомерного артиста редкими аплодисментами.

5) От волнения у него тряслись руки. Чтобы не _____ своего состояния, он засунул их в карманы и крепко сжал в кулаки.

6) Женщина–инженер надела мужской костюм и _____ себя за русского инженера Соколова.

7) В том году Нобелевская премия по химии _____ англичанину.

8) Природа обделила музыканта зрением, зато _____ его особыми талантами.

9) Имя писателя, _____ государственной премии, прославилось на весь Китай!

10) По окончании докторантуры ему _____ учёная степень доктора медицинских наук.

IV. **Определите и сопоставьте значения глагола *давать* с разными приставками.**

вдаться – вдаваться, выдать – выдавать, выдаться – выдаваться, задать – задавать, издать – издавать, надавать, обдать – обдавать, отдать – отдавать, отдаться – отдаваться, передать – передавать, передаться – передаваться, подать – подавать, предать – предавать, придать – придавать, придаться – придаваться, раздать – раздавать, раздаться – раздаваться, сдать – сдавать, сдаться – сдаваться, удаться – удаваться

V. **Вставьте вместо точек глагол *давать* с разными приставками.**

1) Пересказывая текст, не ... в подробности.

2) У меня не осталось ни одного билета, всё ...

3) Изредка поздней осенью ... такие дни – сонные, хмурые, когда тёплый туман как залег с утра над рекой, так и лежит до вечера.

4) Эта мысль заставила меня похолодеть. Но уже в следующую минуту я понял, что не имею права ... страху ни на мгновение.

5) Овощи и фрукты надо ... кипячёной водой.

6) Николай был душой компании и во всём ... тон.

7) Дельфины могут ... самые разнообразные звуки.

УРОК 5

8) Гена стоял передо мной вполоборота, и печальный свет фонаря ... его лицу какую-то утомлённую загадочность.

9) Хорошее настроение хозяйки дома ... всем гостям.

10) Ему ... столько поручений, что вряд ли он сможет их всё выполнить.

VI. Ответьте на вопросы, употребляя в ответах слова и словосочетания, данные в скобках.

1) Каких детей следует принимать в специализированные художественные школы? (подавать надежды)

2) Какое место ваш учитель отводит тренировочным упражнениям? (придавать значение)

3) Почему этот студенты так упорно занимается русским языком? (задаться целью)

4) Когда вы навещаете своих друзей? (выдаваться)

5) Почему дети зашумели, встали со своих мест? (раздаться)

6) Вы так и не смогли достать билеты в Большой театр? (удаться)

7) Почему Андрею пришлось отдать костюм в чистку? (обдать)

8) Как исполняет фортепьянные пьесы пианист Святослав Рихтер? (отдаваться музыке)

VII. Поставьте вместо точек нужные обороты и объясните, в речи какого стиля чаще всего встречаются эти конструкции.

в интересах, с учётом, в форме, с целью, в силу, в течение

1) Начиная с 1 сентября 2006 года, счёта за потреблённую электроэнергию выставляются ... новых условий ценообразования на розничном рынке электроэнергии.

2) Первый российский Национальный план действий ... детей был утвержден указом президента РФ Бориса Ельцина ещё в сентябре 1995 года.

3) ... сложившейся практики кодексы традиционно имеют приоритет над федеральными законами.

4) Государственная (итоговая) аттестация проводится ... единого государственного экзамена (далее — ЕГЭ), а также ... государственного выпускного экзамена.

5) Отрасль массовых коммуникаций РФ ... года вернётся к докризисным показателям.

6) Проект создан ... информировать потребителя товаров и услуг о возможной опасности, связанной с доверием своего имущества.

VIII. Перефразируйте предложения, употребляя глаголы без постфикса «–ся».

1) В последние годы допускается сочетание различных форм получения образования.

2) Учащемуся даются самые необходимые и поверхностные знания.

3) В конце каждой четверти выставляется итоговая оценка по всем изучаемым предметам.

4) Для поступления в высшее учебное заведение обычно требуется полное среднее образование.

5) По окончании выпускникам выдаётся диплом о среднем профессиональном образовании по соответствующей специальности и присваивается квалификация «техник» или «старший техник».

6) Отношения между мужчиной и женщиной перестраиваются очень сложно.

7) У нас разводы чаще инициируются женщинами.

8) Мы выходим на западный тип брачности, когда браки заключаются в более позднем возрасте и мужчинами и женщинами.

IX. Составьте небольшой текст, стараясь употребить все данные выражения или конструкции.

помимо прочего; как правило; собственно; наравне с ...; между тем

X. Прочитайте текст и переведите его на китайский язык.

Образование в России

Известно, что качество образования является общественным и социальным гарантом будущего страны. Долгое время (18 – 19 вв.) образование в России было доступно далеко не всем слоям общества. Неграмотность была повсеместной. После 1917 года образование стало обязательным: сначала начальное, а затем — среднее.

В настоящее время Россия справедливо считается одной из ведущих стран в области образования и научных исследований. Однако недостаток материальных ресурсов сказывается и на образовании, и на науке, которые часто существуют за счёт энтузиазма учителей школ, профессоров и учёных, не получающих заслуженного вознаграждения.

Сейчас российское общество перестраивается, переоценивает свои ценности и цели, и эти перемены влекут за собой демократизацию и в образовательной сфере. Гуманизация, индивидуализация, новые концепции гражданского образования нашли своё место в образовательном процессе. Во многом это происходит благодаря многообразию типов общеобразовательных заведений и вариативности образовательных программ, что напрямую связано с развитием сети негосударственных общеобразовательных учреждений в региональных системах России.

XI. Переведите предложения на русский язык.
1) 政府资助贫困家庭的子女接受必要的教育,这种做法符合国家利益。
2) 考虑到有很多人不能脱产学习,我国大部分高校都开展远程或者函授教育。
3) 小学教师可以根据自己对学生的了解给他们布置不同的家庭作业,或者不布置作业。
4) 我国很多城市都有一所侧重外语学习的中学,被称为外语学校,长春外校就是这样一所中学。
5) 法律赋予每个年满十八岁的公民选举权和被选举权。
6) 现代社会的妇女同男子一样可以从事各种社会活动。
7) 现在中学生的功课越来越复杂,压力越来越大,这种局面是在恢复高考后的三十年中逐渐形成的,一时很难彻底改变。
8) 九年义务教育教给学生的是最基本的知识和技能。
9) 外语学校的大多数孩子都把做翻译或外交官当作自己未来的理想职业。
10) 安娜除了在大学学习新闻,在夜校学习经济,在汉语培训班学汉语外,还在一个驾校学开车。

XII. Прочитайте текст и переведите его на русский язык.
现代人的三种流行病
病症之一:不怕丢丑,出名至上。人人都想在电视上露脸,抢不到这种机会的就在网络上晒自己:多难看的相貌、多丢人的事,都敢发布出去。只要能出名,做什

么都在所不惜。

　　病症之二：购物变弱智，消费落陷阱。只要发现有商品打折，不管需要不需要，都要挤进去买。这已经成为一种嗜好，导致许多没有用的东西堆积如山，弄得家里好似垃圾场。

　　病症之三：把信息当作知识，把知识当作智慧。许多人日夜在网上泡着，四处搜集新闻热点，说起话来滔滔不绝，仿佛天下大事尽在心中，联合国秘书长就是他的私人秘书。可是如果你仔细听听，认真想想，就会发现他嘴里没有一句话是他自己的。他根本没有兴趣咀嚼和消化那些信息，他只是一个信息的贩卖者，只是一个廉价的传声筒。

XIII. Сравните высшее образование России с высшим образованием в Китае.

XIV. Напишите сочинение.

　　К вам приехала делегация учителей из России. Расскажите им, как китайские школьники проводят своё свободное от уроков время, как родители относятся к этому.

Текст 2

 Зеркало души русских (II)

　　Другой национальной категорией души русского человека является *правда*. «Всякая неправда — грех», говорят русские. Жить достойно можно только по-доброму, по правде. Даже в русских сказках обязательно есть два героя — правдивый и криводушный. Правдивый — терпелив, любит труд, безропотно переносит несчастья, часто по вине криводушного, но всегда сказка кончается торжеством правды, а криводушный оказывается жертвою собственных расчётов. Правда для русского человека означает нравственный закон в противовес (противоположность) формальному закону. Но и формальный закон часто отождествляют со словом «правда», стремясь, по-видимому, подчеркнуть, что идеалом исполнения закона является правда. Однако в реальной жизни закон воспринимался, как средство притеснения со стороны правящего класса, и поэтому у простого народа сложилось недоверчивое отношение к закону и особенно к судьям: «Где закон, там и обида», «Что мне законы, были бы судьи знакомы».

В атмосфере почитания идеалов *добра, души, справедливости, правды* возникла и такая черта характера, как *нестяжательство*. Суть его заключается в том, что человек не должен стремиться ни к богатству, ни к накопительству, он должен довольствоваться малым: «Лишние деньги — лишние заботы», — гласит народная мудрость. Простой народ недолюбливал тех, кто гордился богатством, особенно нажитым не трудом или доставшимся по наследству. Неприятен душе русского человека и тот, кто думает только о своих личных материальных интересах. Зато симпатии вызывают живущие по совести, справедливости и простоте душевной. К богатству и богачам, к накопительству русский человек всегда относился недоброжелательно и с большим подозрением. Как трудовой человек, он понимал, что «от трудов праведных не наживёшь палат каменных».

Осуждая неправедное богатство, с неприязнью относясь к богачам, трудовой человек уважал и поощрял *бережливость и запасливость*. «Копейка рубль бережет», «Запасливый лучше богатого». Но скупость и жадность рассматривались как грех. «Скупому душа дешевле гроша», — считает народ. Зато к беднякам народное сознание относится снисходительно, более того, симпатизирует им: «Бедность не порок, а несчастье», «Бедность учит, а счастье портит».

Русский человек знает твердо: источник благополучия и богатства — труд: «Без труда не выловишь и рыбку из пруда», «Труд человека кормит, а лень портит».

ВОПРОСЫ К ТЕКСТУ

1) В русских сказках обязательно есть два героя — правдивый и криводушный, о чем это говорит?
2) В чём заключается суть русского нестяжательства?
3) Почему русский народ недолюбливает тех, кто гордится богатством, особенно нажитым не трудом или доставшимся по наследству?
4) Что, по вашему мнению, является источником благополучия?

УРОК 6

Текст 1

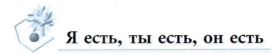 **Я есть, ты есть, он есть**

Виктория Токарева[1]

Анна ждала домой взрослого сына.

Шёл уже третий час ночи. Анна перебирала в голове все возможные варианты. Например: сын в общежитии с искусственной блондинкой[2], носительницей СПИДа[3]. Вирус уже ввинчивается в капилляр. Ещё секунда — и СПИД в кровеносной системе. Плывёт себе, кайфует. Теперь её сын умрёт от иммунодефицита. Сначала похудеет, станет прозрачным, постепенно растает, как свеча. И она будет его хоронить и скрывать причину смерти. О, Господи! Лучше бы он тогда женился, зачем, зачем отговорила его два года назад! Но как не отговорить: девица из Мариуполя, на шесть лет старше... И это ещё не всё. Имеет ребёнка, но она его не имеет! Сдала государству до трёх лет. Сдала в чужие руки — а сама на поиски мужа в Москву. Собрался в загс[4]. Анна спрятала паспорт. Чего только не выслушала, чего сама не наговорила. В церковь ходила, Богу молилась на коленях. Но отбила. Теперь вот сиди и жди.

Нервы расходились. Надо взять себя в руки. Перестань, сказала себе Анна. Что за фантазии? Почему в общежитии? Почему СПИД? Может, он не у женщины, а с друзьями. Пьют у кого-нибудь на кухне. Потом разойдутся. А вдруг пьяная драка? Он ударит, его ударят, и он валяется, истекает кровью. А может, его выбросили в окно, и он лежит с отсутствующим лицом[5] и отбитыми внутренностями. Господи... Если бы был жив, позвонил бы. Он всегда звонит.

Анна подошла к телефону, набрала 09[6]. Спросила бюро несчастных случаев.

— Але...— отозвался сонный голос в бюро.

— Простите, к вам не поступал молодой мужчина?

— Сколько лет?

— Двадцать семь.

— Во что одет?

Анна стала вспоминать.

— Валь, — сказал недовольный голос в трубке, — ну что ты заварила? Я, по-твоему, это пойло[7] пить должна?

У людей несчастье, а они про чай, подумала Анна. И в этот момент раздался звонок в дверь.

Анна бросила трубку. Метнулась к двери.

Сбылось и первое и второе. И женщина и пьяный. Правда, живой. Улыбается. Рядом — блондинка. Красивая. Анне было не до неё, глянула краем взгляда[8], но и краем заметила — можно запускать на конкурс красоты.

— Мамочка, знакомься, это Ирочка.— Он еле собирал для слов пьяные губы.

— Очень приятно, — сказала Анна.

При Ирочке неудобно было дать сыну затрещину, но очень хотелось. Прямо рука чесалась[9].

— А можно, Ирочка у нас переночует? А то ей в общежитие не попасть. У них двери запирают.

Так. Общежитие. Ещё одна лимитчица[10].

— А из какого вы города?

— Из Ставрополя, — ответил за неё Олег.

Та из Мариуполя, эта из Ставрополя[11]. Греческие поселения.

Анна посторонилась, пропуская молодую пару. От обоих пахло спиртным. Они просочились в комнату Олега. Оттуда раздался выстрел. Это рухнул диванный матрас. Анна знала этот звук. Потом раздался хохот, как в русалочьем пруду. Шабаш какой-то.

Тяжело иметь взрослого сына. Маленький — боялась, что выпадет из окна, поменялась на первый этаж. Теперь в случае чего не разменять[12]. В армию пошёл — боялась, что дедовщина, покалечат. Теперь вырос — и всё равно.

Анна не могла заснуть. Вертелась. Зачем-то считала количество букв в городах: Мариуполь — девять букв, Ставрополь — десять. Ну и что? Было бы двое детей — не так бы сходила с ума. Но второго ребёнка не хотела: с мужем

жили ровно, все завидовали: какая семья. И только она знала, как всё это хрупко. Анна хотела новой любви. Не искала, но ждала. Второй ребёнок лишал бы манёвренности. Анна ходила и смотрела куда-то вдаль, поверх своего мужа, как будто высматривала настоящее счастье.

Всё кончилось в одночасье. Муж умер в проходной своего научно-исследовательского института. Ушёл на работу, а через час позвонили...

Анна сопровождала его в морг. Ехали на «Скорой». Муж лежал, будто спал. Наверное, он не заметил, что умер. Анна, не отрываясь, вглядывалась в лицо, пытаясь прочитать его последние ощущения.

Однажды приснился сон: муж сидит перед ней, улыбается. «Ты же умер?» — удивилась Анна. «Я влюбился, в этом дело, — объяснил муж. — Встретил женщину. Не мог оторваться. Но мне жаль тебя. Я притворился, что умер. А вообще я живой». Анна проснулась и плакала. Сон показался правдой. Муж, наверное, кого-то любил, но не посмел переступить через семью[13]. Рвался на части и умер. Лучше бы ушёл.

После смерти мужа Анна осталась одна. Сорок два года. Выглядела на тридцать пять. Многие претенденты распускали слюни, как вожжи[14]. Однако у каждого дома была своя семья. А те, кто без семьи, и вовсе бросовые мужики. Норовили записаться в сынки, чтобы их накормили, напоили, спать уложили и за них бы и все проделали.

Была, конечно, и любовь, что говорить... Чудной был человек, похожий на чеховского Вершинина[15]: чистый, несчастный и жена сумасшедшая. И нищий, конечно. Это до перестройки. А в последнее время вступил в кооператив, стал зарабатывать две тысячи в месяц. Нули замаячили[16]. Не человек — гончая собака[17]. И уже ни томления, ни страдания — завален делами выше головы. Некогда? Сиди и работай. Устал? Иди домой. Он обижался, как будто ему говорили что-то обидное. Он хотел ещё и любовь в придачу к нулям. В один прекрасный день Анна поняла: у неё всё было. И то, что казалось временным, и было настоящим.

Женщина не может без душевного пристанища. Пристанище — сын. Умница. Красавец. Перетекла в сына[18]

А сын за стеной перетекает в Ирочку. Из Ставрополя. Десять букв. Мариуполь — девять...

Ирочка проснулась в час дня.

УРОК 6

За это время Олег встал, сделал зарядку, позавтракал, ушёл на работу и сделал плановую операцию.

Анна за это время сходила в магазин, приготовила обед — и села проверять тетради.

В учебной программе шли большие перемены. Историю СССР практически переписывали заново. Дети не сдавали экзамен. У Анны — французский язык. В этом отсеке всё как было[19]: je suis, tu es, il est. Я есть. Ты есть. Он есть. Возникали учителя-новаторы: ускоренный метод, изучение во сне. Анна относилась к этому скептически, как к диете. Быстро худеешь, быстро набираешь. Ускоренные обретенные знания так же скоро улетучиваются. Лучше всего по старинке: обрел знание — закрепил. Ещё обрел — ещё закрепил.

Анна сидела за столом. Работа шла плохо, потому что в доме находится посторонний человек.

Наконец — задвигалось, зашлепало босыми ногами, зажурчало душем. Надо накормить, подумала Анна. Молодые, они прожорливые. Вышла на кухню, поставила кофе.

Из ванной явилась Ирочка в пижаме Олега. Утром она была такая же красивая, как вечером. Даже красивее. Безмятежный чистый лоб, прямые волосы Офелии, промытые молодостью синие глаза. Интересно, если бы Офелия переночевала у Гамлета[20] и утром явилась его мамаше, королеве... Анна не помнила точно, почему Офелия утопилась. Эта не утопится. Всех вокруг перетопит, а сама сядет пить кофе с сигаретой.

— Доброе утро, — поздоровалась Ирочка.

— Добрый день, — уточнила Анна.

Ирочка села к столу и стала есть молча, не глядя на Анну. Как в купе поезда.

— А вы учитесь или работаете? — осторожно спросила Анна.

— Я учусь в университете, на биофаке.

Значит, общежитие университетское, поняла Анна.

— На каком курсе?

— На первом.

Значит, лет восемнадцать – девятнадцать, посчитала Анна. Олегу двадцать семь.

— А родители у вас есть?

— В принципе есть.

— В принципе — это как?

— Люди ведь не размножаются отводками и черенками. Значит, у каждого человека есть два родителя.

— Они в разводе? — догадалась Анна.

Ирочка не ответила. Закурила, стряхивая пепел в блюдце.

Курит, подумала Анна. А может, и пьёт.

— А вы не опоздаете в университет? — деликатно спросила Анна.

— У нас каникулы.

Анна вспомнила, что студенческие каникулы в конце января — начале февраля. Да, действительно, каникулы. Не собирается ли Ирочка провести у них две недели?

— А почему вы не поехали в Ставрополь? — осторожно поинтересовалась Анна. – Разве вы не соскучились по дому?

— Олег не может, у него работа.

— А у вас с Олегом что? — Анна замерла с ложкой.

— У нас с Олегом всё.

Зазвонил телефон. Аппарат стоял на столе. Анна хотела привычным движением снять трубку, но Ирочка оказалась проворнее. Её тонкая рука змеиным броском метнулась в воздухе. И с добычей-трубкой обратно к уху. Звонил Олег.

— Да... — проговорила Ирочка низко и длинно. В этом «да» были все впечатления прошедшей ночи и предвкушения будущей. Ирочка замолчала и посмотрела на Анну умоляюще-выталкивающим взглядом.

Анна вышла из кухни. Подумала при этом: интересно, кто у кого в гостях?

КОММЕНТАРИИ

1. **Виктория Токарева** родилась в Ленинграде в 1937 году. Любовь к литературе проявилась в 13 лет, когда её мама читала ей рассказы Чехова. В 1963 году поступила во Всероссийский государственный институт кинематографии имени С. А. Герасимова. Именно здесь она открыла в себе талант писательницы

и стала сценаристом. На второй год обучения в институте Токарева опубликовала свой первый короткий рассказ «День без вранья» (издательство « Молодая Гвардия »). С этого времени началось постоянное творчество Токаревой.

2. искусственная блондинка — крашенная блондинка.

3. СПИД — синдром приобретённого иммунодефицита.

4. Загс — запись актов гражданского состояния.

5. отсутствующее лицо — лицо, ничего не выражающее.

6. набрать 09 — набрать по телефону справочное бюро.

7. пойло — напиток плохого качества, здесь: плохо заваренный чай.

8. глянуть краем глаза — смотреть мельком.

9. рука чесалась — хотелось подраться

10. лимитчица — девушка рабочей профессии, приехавшая в город на временную работу, имеющая ограничения в работе и прописке.

11. Мариуполь, Ставрополь — города, в которых в основном проживают греки.

12. теперь в случае чего не разменять — здесь: если придётся менять квартиру на две, сделать это будет трудно, потому что на первый этаж меняются неохотно.

13. не посметь переступить через семью — не посметь уйти из семьи.

14. распускали слюни, как вожжи — здесь: очень настойчиво добивались её расположения.

15. похожий на чеховского Вершинина — похож на героя пьесы Чехова.

16. нули замаячили — здесь: стали появляться большие деньги.

17. гончая собака — охотничья, которая гонит зверя, здесь: человек гонится за деньгами, за прибылью.

18. перетекла в сына — всю себя посвятила сыну.

19. в этом отсеке всё как было — если программы других учебных предметов менялись, учебники переписывались, то в преподавании французского языка ничего не изменилось.

20. Гамлет — трагедия Уильяма Шекспира, одна из самых знаменитых пьес в мировой драматургии. Офелия — героиня трагедии «Гамлет».

СЛОВАРЬ

блондинка: белокурая светловолосая женщина. 金发女人

ввинчиваться: ввернуться во что. (被)旋入，拧入

капилляр: трубочка с очень узким внутренним каналом; тончайший кровеносный сосуд. 细管；毛细血管

кайфовать: блаженствовать, испытывать состояние комфорта.〈俚〉陶醉，感觉很爽

иммунодефицит: врождённый или приобретённый дефицит иммунной системы человека, проявляющийся в ослаблении или полном отсутствии иммунитета. (先天或获得性)免疫缺损

метнуться[完]; метаться[未]: быстро и беспорядочно устремляться то в одну, то в другую сторону. 乱蹿；东奔西跑

затрещина: сильный удар рукой по щеке, по голове. 打耳光，扇头部

чесаться, чешусь, чешешься [未]: чесать своё тело или какую-л. часть его; испытывать зуд; зудеть. 搔痒；感觉发痒

просочиться[完]; просачиваться[未]: постепенно протечь сквозь что-л., куда-л. (о жидкости); незаметно и постепенно пробраться, проникнуть в глубь чего-л. (逐渐地)渗透；潜入

матрас: толстая мягкая подстилка для лежания. 垫子，床垫

хохот: громкий смех. 哈哈大笑声

русалочий; русалка: в славянской мифологии: существо в образе женщины с длинными распущенными зелёными волосами и рыбьим хвостом, живущее в воде. 美人鱼

шабаш: в народных поверьях: ночное сборище ведьм, колдунов и т.п., сопровождающееся диким разгулом.(民间传说中)妖精、魔法师等在夜间的狂欢聚会

дедовщина: негативные явления армейской жизни: оскорбительное, деспотичное отношение заканчивающих срочную службу солдат к новичкам. 部队中老兵欺负新兵的现象

покалечить: причинить тяжёлое повреждение; нравственно изуродовать, испортить. 使损坏，严重伤害，摧残

УРОК 6

хрупкий: легко разрушающийся, распадающийся на части; ломкий. 脆弱的, 易碎的

манёвренность; манёвренный: обладающий способностью быстро менять направление движения. 具有机动能力的, 灵活的

одночасье; в одночасье: в очень короткий промежуток времени; сразу. 马上, 一下子

морг: здание, помещение для трупов; покойницкая. 陈尸所; 停尸间

претендент: тот, кто претендует на что-л., предъявляет права на обладание чем-л. 希望得到……者, 追求者

слюна: жидкость, выделяемая особыми железами в полости рта человека и животного и способствующая смачиванию и перевариванию пищи. 唾液, 口水

вожжи: часть упряжи, состоящая из верёвок, ремней, прикрепляемых к удилам, для управления лошадью с телеги, саней, кареты и т.п. 缰绳

бросовый: непригодный или малопригодный для использования; никуда не годный, плохой, никчёмный. 无用的, 劣质的

норовить [未]: настойчиво стремиться сделать что-л., попасть куда-л. или добиться чего-л. ⟨口⟩ 很想, 竭力要

кооператив: организация, основанная на принципе объединения средств её членов, пайщиков. 股份公司

замаячить: показаться, обозначиться в отдалении; начать маячить. ⟨口⟩ 在远处竖起, 令人看见

пристанище: приют, убежище. 避难所, 安身之处

перетечь[完]; перетекать[未]: перелиться из одного места в другое. 流到(其他地方), 溢出

отсек: изолированное или отделённое от других помещение; отделение, секция 隔间, 分隔区

скептически; скептический: критический, недоверчивый, полный сомнений. 充满怀疑的

диета: определённый режим питания, исключающий употребление в пищу каких-л. продуктов или ограничивающий само количество пищи. 限制性饮食制度, 节食

улетучиться [完]; улетучиваться [未]: исчезнуть, обратившись в газообразное состояние; испариться. (不用一、二人称)挥发, 蒸发; (气味等)消失

шлёпать: ударять, бить, хлопать чем-л. плоским или мягким, производя при этом довольно громкие и отчётливые звуки. 发出啪嗒啪嗒的响声

журчать: производить монотонный булькающий звук, шум (о текущей воде). 潺潺作响，发出淙淙水声

прожорливый: очень жадный в еде; ненасытный. 饭量大的；贪食的

безмятежный: чуждый тревог и волнений; свидетельствующий о душевном спокойствии. 平静的，安宁的

отводок: часть стебля или корня с почками, отведённая от растения и присыпанная землёй для получения нового растения. (园艺)压条

черенок: отрезок стебля, корня и листа растения, отделяемый для вегетативного размножения. 接穗；(扦插、压条用的)枝，条

пепел: лёгкая пылевидная серая масса, остающаяся от чего-л. сгоревшего, сожжённого. 灰烬

деликатный: вежливый, предупредительный, мягкий в обращении. 客气的；有礼貌的；委婉的

проворный: ловкий, расторопный. 动作迅速的；伶俐的，灵巧的

змеиный; змея: пресмыкающееся с длинным извивающимся телом, без ног (обычно с ядовитыми железами в пасти). 蛇

бросок: резкий замах рукой или удар ногой, посылающий в каком-л. направлении мяч, шайбу, волан и т.п.; резкое увеличение скорости движения на каком-л. отрезке пути. 猛地一扑，一投，一甩；突然加速

ВОПРОСЫ К ТЕКСТУ

1) О чём думала главная героиня рассказа, ожидая сына?
2) Чем закончился телефонный разговор?
3) В каком состоянии и с кем вернулся сын?
4) Что думает Анна о своём взрослом сыне?
5) Как сложилась семейная жизнь главной героини рассказа?
6) Какой сон приснился Анне?
7) Как жила Анна после смерти мужа и что однажды поняла?
8) Как Анна относится к ускоренным методам изучения языков?
9) Чем закончился разговор Анны с Ирочкой?

УРОК 6

ЗАДАНИЯ

I. Объясните своими словами выделенные части и переведите предложения на китайский язык.

1) Вирус уже ввинчивается в капилляр. Ещё секунда – и СПИД в кровеносной системе. <u>Плывёт себе, кайфует</u>.

2) <u>Нервы расходились</u>. Надо взять себя в руки.

3) <u>Анне было не до неё</u>, <u>глянула краем взгляда</u>, но и краем заметила — <u>можно запускать на конкурс красоты</u>.

4) Анна хотела новой любви. Не искала, но ждала. Второй ребёнок <u>лишал бы манёвренности</u>.

5) Анна, <u>не отрываясь</u>, вглядывалась в лицо, пытаясь <u>прочитать</u> его последние ощущения.

6) Он хотел ещё и любовь <u>в придачу к нулям</u>.

7) И уже ни томления, ни страдания — <u>завален делами выше головы</u>.

8) <u>Норовили записаться в сынки</u>, чтобы их накормили, напоили, спать уложили и за них бы и всё проделали.

9) Муж, наверное, кого-то любил, но <u>не посмел переступить через семью</u>.

10) <u>В один прекрасный день</u> Анна поняла: <u>у неё всё было</u>. И то, что казалось временным, и было настоящим.

II. Выделите приставки следующих глаголов и объясните их словообразование.
выслушать, наговорить, отговорить, расходиться (нервы), раздаться (звонок), запускать, высматривать, сопровождать, распускать, записаться, замаячить.

III. Подберите к данным существительным подходящие определения (прилагательные).

имена существительные	определения
взгляд	
вариант	
лицо	

блондинка	
пойло	
работа	
лоб	
волосы	
глаза	
фантазия	
драка	
девица	
сынок	
зверь	

IV. Составьте словосочетания с данными глаголами.

глаголы	словосочетания
сдать	
собраться	
перестать	
улыбаться	
заметить	
переночевать	
поменяться	
бояться	
переступить	
распустить	

V. С помощью словаря определите разницу между следующими глаголами с «–ся» и без «–ся». Составьте с ними предложения.

показать – показаться; оторвать – оторваться; притворить – притвориться; распускать – распускаться; сходить – сходиться; сдавать – сдаваться; записать – записаться; учить – учиться; метнуть – метнуться; стучать – стучаться

VI. Определите и сопоставьте значения глагола *брать* с разными приставками.

выбрать – выбирать, выбраться – выбираться, взобраться – взбираться, добраться – добираться, забраться – забираться, избрать – избирать, набрать – набирать, отобрать – отбирать, перебрать – перебирать, перебраться – перебираться, подобрать – подбирать, пробраться – пробираться, разобрать – разбирать, разобраться – разбираться, собрать – собирать, собраться – собираться, убрать – убирать, убраться – убираться

VII. Вставьте вместо точек глагол *брать* с разными приставками.

1) Каждый год миллион людей стремятся к морю, чтобы ... здесь бодрости, здоровья.

2) Ребёнок ещё не умеет обращаться с ножницами, ... у него ножницы!

3) Охотники осторожно ... к спящему зверю.

4) ... отсюда, или я вызову милицию! – крикнула она незнакомцам, пытавшимся угнать её машину.

5) Когда мы ... в поход, нам советовали не ... в очень глухие дебри.

6) Продавец показал нам несколько галстуков, и мы ... самый красивый из них.

7) Уж и натерпелся он страху, когда медведь остановился в трёх шагах от него. Но, к счастью, медведь постоял, понюхал и ... восвояси.

8) С помощью специальных приспособлений альпинисты могут ... на самые отвесные скалы.

9) Разведчики с трудом ... через болото и вышли на озеро.

10) Мать ... игрушки, разбросанные детьми по комнате.

VIII. Ответьте на вопросы, употребляя в ответах глаголы, данные в скобках.

1) Что вы делали на лекциях по литературе начала 20–ого века? (разбирать)

2) Почему в квартире такой беспорядок? (убирать)

3) Дети принесли из леса много грибов? (набрать)

4) Через три дня будет день рождения Саши, какой вы сделаете ему подарок? (выбрать)

5) Вы нашли всё–таки в своей сумке кольцо? (перебирать)

6) Свадебное платье уже готово? (подобрать)

7) Почему вы ей об этом сразу не сказали? (набраться)

8) Что сделал с ним гаишник, когда он нарушил правила дорожного движения? (отобрать)

IX. Объясните своими словами следующие слова, словосочетания и составьте небольшие тексты, стараясь употребить их всё.

Группа А	Группа Б
перебирать в голове;	прямо рука чесалась;
сдать в чужие руки;	шабаш какой-то;
душевное пристанище;	кончиться в одночасье;
дать затрещину;	отбить

X. Переведите предложения на русский язык.

1) 鲍里索夫在惊恐中突然听到有人敲门,他迅速在脑子里过了一遍所有可能在这个时候来访的人,但不能确定该不该去开门。

2) 你自己答应翻译这篇小说的,现在你就翻吧。

3) 尽管大家都劝他别去冒险做这个手术,可他还是手痒痒,很想去试试。

4) 去森林远足之前要带上小刀、火柴、水和食物,万一出现什么情况也可以生存下来。

5) 刘小强从小就渴望当兵,长大后又有了新的想法——当一名能够解除病人痛苦的医生。现在,他的两个愿望一下子都实现了:他被解放军第四军医大学录取了。

6) 儿子长大了,想要结婚。安娜·尼古拉耶夫娜决定把自己三居室的房子调换成两个一居室的房子。

7) 减肥是一个渐进的过程,不能走极端,不能求快,否则减得快,长得也快。

8) 王刚曾抱怨他们公司的老板一心只想着如何从职员身上榨取更多的利润,根本不考虑每个职工的爱好和特长。

9) 人不是普通动物,除了最基本的生活需要之外,还需要有一个精神的港湾。

10) 经验证明,凡是学习成绩好的学生,听课时注意力都很集中,有些孩子甚至可以说是目不转睛地盯着老师听课。

XI. Передайте своими словами мысли, выраженные в следующих высказываниях.

1) Маленький — боялась, что выпадёт из окна.

2) Теперь вырос — и всё равно.

УРОК 6

3) Сбылось и первое и второе.

4) Рядом — блондинка.

5) И уже ни томления, ни страдания — завален делами выше головы.

6) Обрел знания — закрепил.

XII. Найдите в тексте языковые средства, с помощью которых передаётся внутреннее состояние главной героини рассказа.

Нервы расходились. Надо взять себя в руки. Перестань, сказала себе Анна. Что за фантазии? Почему в общежитии? Почему СПИД? Может он не у женщины, а с друзьями. Пьют у кого-нибудь на кухне. Потом разойдутся. А вдруг пьяная драка? Он ударит, его ударят, и он валяется, истекая кровью. А может, его выбросили в окно, и он лежит с отсутствующим лицом и отбитыми внутренностями. Господи.... Если бы был жив, позвонил бы. Он всегда звонит.

Некогда? Сиди и работай. Устал? Иди домой.

XIII. Как вы понимаете следующие высказывания? Проведите дискуссию на эту тему, разделившись на группу «За» и группу «Против».

Ускоренные обретенные знания так же скоро улетучиваются. Лучше всего по старинке: обрел знание — закрепил. Ещё обрел — ещё закрепил.

XIV. Напишите сочинение на одну из данных тем:

1) Моё отношение к главной героине рассказа.

2) Взрослые дети.

Текст 2

Кому отдастся Ларина Татьяна?

Каждая эпоха выдвигает свои стандарты жизни, нравственности и поведения. Помните знаменитые слова Татьяны Лариной из пушкинского «Евгения

Онегина»? «Но я другому отдана; я буду век ему верна». Нынешнее поколение молодёжи оказалось в сложном положении: оно оказалось между двумя моделями жизни.

Советская молодёжь, несмотря на высокий уровень образования, была в значительной мере социально инфантильной. Государство обеспечивало высокий уровень защиты. Армия была безопасна. Сельская молодёжь, парни из малых городов с удовольствием надевали на два–три года погоны. Гимнастёрка облегчала доступ в институт. Система институтского распределения гарантировала занятость. А обилие «великих строек», научно–исследовательских институтов давало возможность карьерного роста.

Сегодняшняя молодёжь имеет полный набор того, что в советские времена с осуждением именовали «западным образом жизни». Полная свобода передвижения (при наличии денег), свобода выбора места жительства, свободный поиск работы. Ну и конечно, широкий набор «развлекухи». Молодёжь получила доступ к западному кинематографу, музыке, одежде (в том числе и недорогой).

В нагрузку к кока–коле

Но в довесок к европейскому меню молодёжь получила и вполне капиталистические «нагрузки». И прежде всего страх не получить или потерять работу. Значительная часть молодёжи, которая была «родом из СССР», оказалась в сложном психологическом положении: капитализм рассыпал по улицам массу соблазнов. Научиться жевать жвачку, пить кока–колу оказалось легко. А вот как входить в совсем другую жизнь, где требуются новая энергия, изворотливость, умение держать удар, рисковать и делать собственный выбор?

На первом этапе перехода в новый порядок в мозгах и сердцах молодёжи всё смешалось. Социологические опросы показали, что Татьяны Ларины мечтали стать проститутками, юноши осваивали бандитские ухватки, некоторые пристрастились к сексу и «травке». И чуть ли не все мечтали стать абрамовичами и ходорковскими.

За последние 3–4 года ориентиры молодёжи стали «остепеняться». Романтика капитализма ушла в прошлое. Что касается «списка Форбса», то выяснилось, что он очень короткий и для счастья нужно искать другие места. Если при опросах 2002 г. почти 80% молодых «хотели иметь много денег», то сегодняшняя молодёжь среди главных ценностей называет учёбу, работу и надёжную семью.

Шатания

Идёт и политическое взросление. На власть молодёжь поглядывает с прагматичным интересом. Если вчерашние 17-летние умилялись тем, что президент Путин «имеет пояс дзюдоиста», то к президенту Медведеву они склонны предъявить новые требования: а насколько его президентство обеспечит их политические и социальные права. 31% молодёжи обнаруживает активный, а 41% — средний интерес к политике. Думается, что кризис этот интерес ещё более обострил.

Власть может столкнуться с серьёзными проблемами, касающимися политических шатаний молодых. Нынешняя молодёжь, пожалуй, самый непредсказуемый пласт общества. В отличие от старших поколений, чья идеология и поведение формировались партией, комсомолом, советской пропагандой и советской культурой, современная молодёжь всё очевиднее выскальзывает из поля влияния официальной власти. Телевизор она, как правило, не смотрит. А если и смотрит, то совсем не те каналы, которые ангажировала в своих интересах власть. Огромное влияние оказывает Интернет, в сетях которого молодёжь ищет и часто находит ответы на те вопросы, на которые не могут, не хотят или не умеют отвечать Кремль и наши новые партии.

Пройдя через испытания кризисом, молодёжь подойдёт к следующим выборам серьёзно повзрослевшей. И задавать себе она будет вопросы совсем другого свойства. Найду ли в ближайшие годы работу? Удастся ли получить образование? Смогу ли позволить себе создать семью? Есть ли перспектива взять доступный кредит на квартиру или придётся завозить ещё одну кровать в старую родительскую «двушку»? И наконец — кому верить, если кризис подтвердит сомнения в компетентности нынешней элиты? В течение последних лет молодое поколение было отдано на воспитание дешёвой попсе, безответственному телевидению, случайным молодёжным выскочкам. Сегодня и светская, и духовная власти, похоже, спохватились. Смогут ли они предложить молодёжи что-то кроме микстуры официального патриотизма и официального православия?

ВОПРОСЫ К ТЕКСТУ

1) Почему, по мнению автора, советская молодёжь была инфантильной?

2) Что является предпосылкой для сегодняшней «полной свободы» передвижения?

3) К чему надо подготовиться, прежде чем войти в новую, западную, жизнь?

4) Как изменилась молодёжь после испытания кризисом?

УРОК 7

Текст 1

 Как гены лягут...

Когда мы говорим про ребёнка: «Вспыльчивый, как папа!» или «И её мама в детстве тоже была тихоней», мы подразумеваем, что человек получает темперамент по наследству[1]. Так ли это?

Объясняет завкафедрой психогенетики факультета психологии МГУ имени М. В. Ломоносова, доктор психологических наук, член-корреспондент РАО[2] Марина Егорова.

Наследство потомкам

Когда-то в старой, классической психологии выделяли четыре основных типа темперамента: сангвиники, холерики, флегматики и меланхолики. Под каждым типом подразумевали ряд определённых психологических свойств. Например, сангвиники — это люди жизнерадостные, отличаются быстрой реакцией. А флегматики на всё реагируют медленно, зато упорны и трудолюбивы.

Но современная наука не считает, что по наследству может передаваться вся группа психологических особенностей, которая объединяется общим понятием — тип темперамента. Было бы наивно считать, что у сангвиников рождаются сангвиники, а у флегматиков — флегматики. Наследуются только отдельные черты темперамента, они передаются не через один какой-то определённый ген, а через группу генов. И пока что учёные установили только три отдельные черты, которые переходят от предков к потомкам:

• общительность (или необщительность — у каждой особенности есть два полюса);

• двигательная активность — высокая или низкая;

- эмоциональность — с негативным фоном[3] или с позитивным, радостным.

«Тихоня» и «душа компании»

Вообще-то всем маленьким детям свойственна настороженность к чужим, но необщительных людей в младенчестве просто обуревает страх перед незнакомцами. Первые его проявления можно заметить у таких детей уже в 4 месяца, когда остальные младенцы ещё доброжелательно встречают всех, склонившихся над их колясками.

А в 6–8 месяцев этот страх уже хорошо заметен. Малыш прижимается к матери, когда видит чужих людей, отворачивается, плачет, долго не может привыкнуть к новым взрослым, которые входят в его жизнь. Он может не узнать члена семьи, с которым общался постоянно, например папу, если расстался с ним на 3–4 недели. Такие дети боятся новых игрушек и новых вещей, они устают от громких звуков и яркого света, от поездок в транспорте. Им очень тяжело в детском саду, они не играют с другими детьми, в школе у них мало друзей, и они трагически переносят любые изменения в своей жизни: не только переход из одной школы в другую, но даже смену соседа по парте. И, повзрослев, они всё так же будут держаться в тени[4].

Их антиподы — дети очень общительные. Маленькие — они всем надоедают своей болтливостью, всюду встревают, на уроках тянут руку вверх, не потому что знают, как ответить, а потому что устали слушать и хотят говорить сами. В подростковом возрасте и во взрослой жизни они легко становятся лидерами или душой компании[5]. Но суперобщительные и радостные могут получиться уж больно простоватыми, им может не хватать чуткости и тонкости восприятия.

«Бука» и «колокольчик»

Дети, родившиеся с негативным эмоциональным фоном, в младенчестве начинают день с плача, они сразу просыпаются в дурном настроении. Их трудно развеселить и отвлечь от печали. В школе они отличаются большой тревожностью, вечно беспокоятся. В подростковом возрасте их бросает из крайности в крайность[6], эмоции их очень неустойчивы, хорошее настроение легко сменяется плохим. Это они, зная предмет, на экзамене так мандражируют, что могут ничего не ответить.

А на другом полюсе — люди, родившиеся с радостным эмоциональным фоном. Такие в детстве просыпаются с улыбкой на устах, рано начинают смеяться — эдакие колокольчики. В школе у них легко складываются отношения и с ровесниками, и со взрослыми, они нравятся окружающим. «Колокольчик» с лёгкостью становится лидером в младшей школе, он из тех, кто приглашает к себе на день рождения весь класс. У него легко проходит переходный возраст[7]: он не бунтует, не объявляет войну родителям и учителям. Удобный ребёнок. И взрослым он будет приятным — контактным и невзрывным.

«Живчик» и «соня»

Есть люди, которые всю жизнь громко говорят, быстро двигаются, с шумом распахивают двери... Они всё делают энергично, и энергия у них не кончается. В раннем детстве такие «живчики» отличаются смышлёным умом.

Двигательная активность у малышей тесно связана с интеллектуальным развитием: тот, кто больше обежал углов и больше разломал машинок, больше успел увидеть и узнать. Примерно в 5 лет связь между моторной активностью и развитием интеллекта пропадает. А позже «живчики», наоборот, могут отставать от сверстников в развитии, потому что на уроках им трудно сосредоточиться, они постоянно отвлекаются.

Их антиподы — дети вялые, как бы спящие на ходу — обычно не настораживают взрослых: как бы ребёнок ни был заторможен, он всё-таки всегда живее взрослого. У вялых все эмоции проявляются слабо: в младенчестве они не плачут, а попискивают, обычно плохо едят, засыпают во время кормления.

В детстве они развиваются медленнее, чем их энергичные ровесники: им будет чуть труднее учиться, они накопят чуть меньше знаний... Эти «спящие красавицы и красавцы» в школе могут оказаться в троечниках. Но если им уделять побольше внимания, заниматься с ними специально, не полагаться на то, что они сами всё в жизни схватят, ко взрослому возрасту они вполне могут по интеллекту не уступать энергичным ровесникам.

Как сгладить крайности

Темперамент — это только предпосылка к тому, как человек будет вести себя в жизни, считают учёные. Генетические особенности свойств психики — не окончательный диагноз, есть ещё воспитание родителей, свой собственный сознательный контроль, влияние интеллекта — всё то, что может сгладить крайности: притушить утомительную активность «живчика» или взбодрить вялого «соню», придать уверенность «тихоне».

Многочисленные исследования, самое представительное из которых — Нью-

Йоркское исследование темпераментов, начавшееся в 1962 году и продолжающееся до сих пор, доказали, что генетические особенности темперамента поддаются коррекции, психика человека пластична. Врождённые психологические особенности можно сгладить, и легче всего это сделать в детстве.

«Тихоню» надо учить общаться с другими детьми, не давать ему замыкаться на бабушке[8]. Сначала у себя дома, в привычной обстановке. Заранее проговорив, во что, как и где «тихоня» будет вместе со своими гостями играть.

Очень важно, чтобы первый визит гостей прошёл гладко: положительный опыт общения «тихоню» поддержит.

Его ни в коем случае нельзя бросать в компанию детей, как щенка в воду: замкнется ещё больше! В школе защищайте его от нападок учителей и других взрослых — он должен чувствовать, что у него есть крепкие тылы.

Всем хорош «душа компании», только бы не вырос глуповатым. Его как можно больше надо развивать интеллектуально, чтобы научился оценивать себя со стороны. Ведь мы начинаем задумываться, что мы собой представляем, только когда у нас не складываются отношения с другими людьми. А когда ты всем нравишься, нет и повода для самоанализа, самосовершенствования.

«Живчикам» надо помочь израсходовать физическую энергию. В спорт их, в спорт! Впрочем, физическая активность меньше всего поддается коррекции, так что энергия в вашем «живчике» будет клокотать до седых волос.

С вялыми «сонями» надо заниматься в том темпе, который им по силам. Увидели, что ребёнок устал, — дайте ему отдохнуть. Отдохнул — сажайте его читать, считать, развиваться снова. И так, не спеша, всё объясняя и всё разжёвывая, гните свою линию[9].

«Букам» надо внушать уверенность в себе, искать им надежного друга–скалу, к которому можно прислониться.

А «колокольчики» — счастливый тип — никаких изменений не требуют, и расти им интеллектуально легко, и они запросто вписываются в любой коллектив.

Но вот мы ценой продуманных, упорных многолетних усилий сделали-таки из своего замкнутого ребёнка вполне контактного человека, например. Или из «буки» вырастили вовсе не плаксивого невротика, а вполне устойчивую ровную личность. А какие у нас будут внуки? Угадайте с трёх раз!

В том-то и парадокс: вполне вероятно, что нам снова придётся проявлять

свой недюжинный педагогический талант: у наших вполне адаптированных детей могут родиться «тихони» и «буки»! Ничего не попишешь[10] — наследственность. А вот какие свойства темперамента нашим внукам перейдут от папы, а какие от мамы, учёные предсказать пока не могут, тут уж как гены лягут!

КОММЕНТАРИИ

1. **темперамент по наследству** — совокупность психических особенностей как отличительное свойство, появившееся от родителей.
2. **РАО** — Российская академия образования
3. **негативный фон** — отрицательная обстановка, среда, окружение, в которых кто-л. находится или что-л. происходит.
4. **держаться в тени** — вести себя, поступать таким образом, чтобы не привлекать к себе внимания.
5. **душа компании** — главное лицо, организатор, вдохновитель компании.
6. **из крайности в крайность** — то, что совершенно несходно с другим, противоположно другому.
7. **переходной возраст** — характерный, свойственный, проявляемый при переходе от одного состояния к другому; промежуточный.
8. **замыкаться на бабушке** — обособиться, ограничить бабушкой свою связь с внешним миром.
9. **гнуть свою линию** — настаивать на своём.
10. **ничего не попишешь** — с этим ничего не поделаешь.

СЛОВАРЬ

вспыльчивый: легко приходящий в состояние сильного (обычно кратковременного) раздражения; способный вспылить (о человеке). 易怒的,好发脾气的;暴躁的

тихоня: тихий, смирный человек. [阳,阴]〈口〉寡言而温顺的人

подразумевать: предполагать в мыслях, иметь в виду кого-, что-л., не высказывая этого открыто или говоря иносказательно. 意思是,暗指

сангвиник: человек сангвинического темперамента, характеризующегося живостью, легкой возбудимостью, быстрой сменой эмоций, жизнерадостностью. 活泼好动的人；易激动的人；多血质的人

холерик: человек холерического темперамента, характеризующегося энергичностью, быстротой и глубиной эмоциональных переживаний, неуравновешенностью. 易怒的人，暴躁的人；胆汁质的人

флегматик： человек флегматического темперамента, характеризующегося медлительностью, спокойствием, уравновешенностью, слабым проявлением эмоциональных переживаний. 冷静迟缓的人；情绪不外露的人；黏液质的人

меланхолик: меланхолический человек, характеризующийся слабой возбудимостью, глубиной и длительностью эмоциональных переживаний. 性格忧郁的人；易忧郁的人；忧郁质的人

свойство: существенный признак, качество, отличающее один предмет или одно лицо от другого; отличительная особенность. 属性；特性

прореагировать[完]; реагировать[未]: (на что) отвечать на какое-л. физическое раздражение, воздействие извне; проявлять каким-л. образом своё отношение к кому-, чему-л. 做出反应，感应

настороженность; настороженный: напряженно-внимательный и тревожный в ожидании чего-л. 警觉的，警惕的

младенчество: раннее детство. 婴儿期；幼年

склониться[完]; склоняться[未]: наклониться, нагнуться; наклонив, прислонить к чему-л., положить на что-л. или опуститься на что-л. 弯腰，俯身

прижаться, -жмусь, -жмешься[完]; прижиматься[未]: (к кому-чему) тесно, плотно прислониться к кому-, чему-л. 紧贴，紧偎依

отвернуться[完]; отворачиваться[未]: повернуться в другую сторону, в сторону от кого-чего-л. 转过脸去

антипод: (чей или кому) о том, кто является полной противоположностью кому-л. по своим взглядам, вкусам, свойствам и т.п. 〈书〉(信念、特性、爱好)正好相反的人

встрять (встрянуть) [完]; встревать[未]: вмешаться, ввязаться во что-л. 〈俗〉多管闲事；插嘴

восприятие: способность воспринимать явления окружающего мира; усвоение, осознание 感觉，知觉

УРОК 7

бука: по народным поверьям страшилище с огромным ртом и длинным языком, которое бродит по ночам вокруг домов и уносит непослушных детей; о нелюдимом, необщительном, угрюмом человеке (обычно ребёнке). [阳, 阴] 民间传说中大嘴长舌、专抓不听话儿童的怪物；⟨转，口⟩孤僻的人，落落寡合的人

колокольчик: маленький колокол; оживлённый человек 铃铛；⟨转⟩活跃的人

развеселить[完]; **развеселять**[未]: привести в весёлое настроение, сделать весёлым. 使快乐起来，使开心

отвлечь[完]; **отвлекать**[未]: (кого-что от чего) заставить, побудить оторваться от какого-л. дела, занятия; помешать чему-л., оторвать от чего-л. 诱使离开，吸引开

подростковый; подросток: мальчик или девочка в переходном от детства к юношеству возрасте (от 12 до 16 – 17 лет). 少年

мандрожировать: находиться в нервном возбуждении, испытывая страх перед чем-л. 紧张，恐惧

эдакий: такой, качество, свойство которого подчёркивается.⟨口⟩这样的，那样的

бунтовать: поднимать бунт; участвовать в бунте; выражать большое недовольство; упорно не соглашаться, протестовать. 造反，暴乱；⟨转，口⟩表示极端不满

живчик: о резвом, живом, очень подвижном человеке.⟨口⟩活泼好动的人

соня: сонливый, любящий поспать человек.⟨口⟩嗜睡的人

распахнуть[完]; **распахивать**[未]: резким движением отвести в сторону, широко раскрыть, раздвинуть.(猛然)敞开(门、窗等)

моторный: двигательный. 运动的

вялый: потерявший свежесть, увядший (о растениях); медлительный от усталости, слабости, лени и т.п. 枯萎的，蔫了的；⟨转⟩委靡不振的，无精打采的

заторможенный: вялый, с замедленной реакцией (о человеке); лишённый живости, безучастный. 迟缓的，缓慢的

попискивать[未]: пищать, издавать писк время от времени. (时不时)发出唧唧声，尖声说话

накопить[完]; **накапливать**[未]: собрать в каком-л. количестве что-то. 积累，积蓄

троечник: ученик, обычно получающий удовлетворительные оценки, тройки.⟨口⟩经常得三分(及格)的学生

сгладить [完]； **сглаживать** [未]：сделать гладким, выровнять, смягчить остроту разногласий, противоречий. 熨平；〈转〉缓和，消除

крайность：крайняя степень чего-л., чрезмерное проявление чего-л.; очень тяжёлое и трудное положение. 极端，极度；急迫情况，危急的情况

темперамент：совокупность психических свойств человека, имеющих физиологической основой тип высшей нервной деятельности и проявляющихся в поведении человека, в степени его жизненной активности. 气质

предпосылка：предварительное условие; исходный пункт, отправное положение какого-л. рассуждения. 先决条件；前提，出发点

генетический；**гены**：материальные носители наследственности в животных или растительных организмах. 基因

собственный：принадлежащий кому-л., чему-л. по праву собственности; находящийся в индивидуальном пользовании у кого-л., являющийся личной принадлежностью кого-л. 个人所有的，私有的；自己的

притушить[完]：загасить, потушить; ослабить, убавить (свет, огонь); сделать менее резким, громким, менее ярким; приглушить. 使减弱，使黯淡；(稍稍)压低

утомительный：доводящий до усталости, утомления. 使人疲劳的；令人厌倦的

взбодрить[完]；**взбадривать**[未]：придать бодрости, привести в бодрое состояние, настроение.〈口〉使打起精神，鼓舞，鼓励

замкнуться[完]；**замыкаться**[未]：закрыться, запереться; обособиться, ограничить свою связь с внешним миром. 锁上，锁住；与外界隔绝

обстановка：совокупность условий, обстоятельств, в которых что-л. происходит. 状况，情形，环境

щенок：детёныш собаки или волка, лисы и т.п. 狗(或狼、狐等)崽子

нападки：обвинения, придирки, упрёки. 抨击；非难

тыл：задняя часть, сторона чего-л. 后边；后方

повод：случай, обстоятельство, факт, могущие быть основанием для чего-л., причиной чего-л.; предлог. 理由，借口

израсходовать[完]；**расходовать**[未]：тратить, употреблять. 花掉，用掉；(不用一、二人称)耗费，消耗(若干)

клокотать, -кочу, -кочет[未]：бурлить, кипеть, бить ключом (о воде, жидкости); бурно проявляться, бушевать (о чувствах, страстях и т.п.). (液体)沸腾；汹涌呼啸；〈转〉(情感等)激发，沸腾

УРОК 7

посадить[完]; **сажать**[未]: заставить сесть за какое-л. дело, предложить заняться чем-л. 让坐下；〈口〉使担任(某一职务)，委派(做某种工作)

разжевать[完]; **разжёвывать**[未]: размельчить, размять пищу или что-л. другое зубами; разъяснить, растолковать до мелочей, до полного упрощения. 嚼碎；〈转，口〉仔细解释,详细地说明

внушить[完]; **внушать**[未]: (что кому) воздействуя на волю, сознание, заставить усвоить что-л.; вызвать, возбудить в ком-л. какие-л. чувства. 激起(某种情感等)；灌输 (某种思想、信念)

прислониться[完]; **прислоняться**[未]: (к кому-чему) сесть или лечь вплотную к кому-л, чему-л, опершись обо что-л., привалившись к чему-л. 靠在……上；紧挨……

вписаться[完]; **вписываться**[未]: (во что) войти как неотъемлемая часть в общее целое, составить общее целое со всем остальным. 与……(指周围环境)协调,相称

продуманный: представляющий собой результат, итог глубоких размышлений. 经过周密考虑的,经过深思熟虑的

замкнутый: обособленный, недоступный для других, занятый своими узкими интересами; необщительный, скрытный. 自我封闭的,与外界隔绝的

невротик: человек, страдающий неврозом; нервнобольной. 神经过敏的人

парадокс: неожиданное, непривычное, расходящееся с традицией, общепринятыми нормами рассуждение, мнение, вывод. 〈书〉奇谈怪论；反常的现象

недюжинный: выделяющийся среди других; незаурядный. 超群的,杰出的,非凡的

адаптировать[完,未]: упростить текст, приспосабливая его для начинающих изучать иностранные языки и для малоподготовленных читателей; приспособить, облегчить. 改写(使文字浅易,适合于初学外语的人)；使适应(环境等)

наследственность: свойство живых существ передавать свои основные признаки и качества потомству; совокупность природных свойств организма, передаваемых от поколения к поколению. 遗传(性)。

предсказать[完]; **предсказывать**[未]: заранее сказать о том, что будет, что должно случиться, исполниться; явиться признаком наступления чего-л. 预言,预告

ВОПРОСЫ К ТЕКСТУ

1) Какие четыре основных типа темперамента выделены в классической психологии?
2) Что говорит современная наука о наследовании темперамента?
3) Какие три отдельные черты переходят от предков к потомкам?
4) Как ведут себя «тихони»?
5) Чем отличаются дети, которых можно считать «душой компании»?
6) Какие отличия в поведении «буки» и «колокольчика»?
7) Каковы особенности «живчиков»?
8) Как ведут себя типичные «сони»?
9) Кроме генетических особенностей психики, что влияет на формирование личности?
10) Как надо корректировать психику «тихони»?
11) Что нужно делать, чтобы «душа компании» не вырос глуповатым?
12) Как надо помогать «живчикам», «соням», «букам»?
13) Какой тип не требует коррекции?
14) Какие дети могут родиться у вполне адаптированных личностей?

ЗАДАНИЯ

I. Замените выделенные слова, словосочетания другими, близкими по смыслу, и переведите предложения на китайский язык.

1) Когда мы говорим про ребёнка: «<u>Вспыльчивый</u>, как папа!» или «И её мама в детстве тоже была <u>тихоней</u>», мы <u>подразумеваем</u>, что человек получает темперамент по наследству.

2) В подростковом возрасте <u>их бросает из крайности в крайность</u>, эмоции их очень <u>неустойчивы</u>, хорошее настроение легко <u>сменяется</u> плохим.

3) В школе у них легко <u>складываются</u> отношения и с ровесниками, и со взрослыми, они нравятся <u>окружающим</u>.

4) «Колокольчик» <u>с легкостью</u> становится лидером в младшей школе, он <u>из тех, кто</u> приглашает к себе на день рождения весь класс.

УРОК 7

5) Их антиподы — дети вялые, как бы спящие на ходу — обычно не настораживают взрослых: как бы ребёнок ни был заторможен, он всё-таки всегда живее взрослого.

6) Впрочем, физическая активность меньше всего поддается коррекции, так что энергия в вашем «живчике» будет клокотать до седых волос.

7) Из «буки» вырастили вовсе не плаксивого невротика, а вполне устойчивую ровную личность. А какие у нас будут внуки? Угадайте с трёх раз!

8) Ничего не попишешь – наследственность. А вот какие свойства темперамента нашим внукам перейдут от папы, а какие от мамы, учёные предсказать пока не могут, тут уж как гены лягут!

II. Объясните своими словами следующие фразы.

1) Искать надежного друга–скалу, к которому можно прислониться.

2) Они запросто вписываются в любой коллектив

3) Его ни в коем случае нельзя бросать в компанию детей, как щенка в воду: замкнется ещё больше!

4) Темперамент — это только предпосылка к тому, как человек будет вести себя в жизни.

5) С вялыми «сонями» надо заниматься в том темпе, который им по силам.

6) И так, не спеша, всё объясняя и всё разжевывая, гните свою линию.

7) Всем маленьким детям свойственна настороженность к чужим.

8) Врожденные психологические особенности можно сгладить.

III. Подберите антонимы и синонимы к данным словам.

слова	антонимы	синонимы
общительность		
надежный		
негативный		
предки		
постоянно		
яркий		
болтливый		

энергичный.		
подобный		
стремительный		
прилежный		
ловкий		
хитрый		
жестокий		
глупый		
благородный		
признательный		

IV. Раскройте скобки, поставив существительное в нужном падеже с предлогом или без предлога.

1) И пока что учёные установили только три отдельные черты, которые переходят ... (предки) ... (потомки).

2) Они трагически переносят любые изменения в своей жизни: не только переход ... (одна школа) ... (другая), но даже смену соседа ... (парта). И, повзрослев, они все так же будут держаться ... (тень).

3) Дети, родившиеся ... (негативный эмоциональный фон), .. (младенчество) начинают день ... (плач), они сразу просыпаются ... (дурное настроение).

4) Генетические особенности темперамента поддаются ... (коррекция), психика человека пластична.

5) «Тихоню» надо учить общаться ... (другие дети), не давать ему замыкаться ... (бабушка). Сначала у себя дома, ... (привычная обстановка).

6) В школе защищайте его ... (нападки) учителей и других взрослых – он должен чувствовать, что у него есть крепкие тылы.

7) Ведь мы начинаем задумываться, что мы ... (себя) представляем, только когда у нас не складываются отношения ... (другие люди).

8) Вообще-то ... (все маленькие дети) свойственна настороженность ... (чужие).

9) Примерно ... (пять лет) связь ... (моторная активность и развитие интеллекта) пропадает. А позже «живчики», наоборот, могут отставать ... (сверстники) ... (развитие).

УРОК 7

10) Но если уделять ... (они) побольше внимания, заниматься ... (они) специально, не полагаться ... (то), что они сами все в жизни схватят, ко взрослому возрасту они вполне могут ... (интеллект) не уступать ... (энергичные ровесники).

V. **Определите и сопоставьте значения глагола *говорить* с разными приставками.**

выговорить – выговаривать, выговориться – выговариваться, договорить – договаривать, договориться – договариваться, заговорить – заговаривать, заговориться – заговариваться, наговорить – наговаривать, наговориться – наговариваться, оговорить – оговаривать, проговорить – проговаривать, проговориться – проговариваться, приговорить – приговаривать, разговаривать – разговориться, сговориться – сговариваться, уговорить – уговаривать, уговориться – уговариваться

VI. **Вставьте вместо точек глагол *говорить* с разными приставками.**

1) Писатель в радиоэфире нечаянно ... о месте свадьбы своего друга, известного актёра, что доставило другу немало хлопот.

2) Суд ... Дмитрия Карамазова к каторжным работам, хотя он не убивал своего отца.

3) Время от времени она забегала куда-нибудь, где никого не было, и ... себя не волноваться.

4) Проходя мимо, они лишь здоровались, ничего не зная друг о друге. И вот однажды, случайно встретившись на почте, они ....

5) Валентина взглянула на часы: — Батюшка! Двенадцать часов! ... мы с вами! Домой же пора!

6) Лучшие театральные актёры, режиссёры, художники словно встретились после долгой разлуки и никак не могли ... друг с другом.

7) Хочу сразу ..., что автор статьи не ставит своей задачей проведение глубокого экономического анализа.

8) Настоящему другу можно доверить всё, он никогда никому не ....

9) — Я столько, столько вынесла, смотря на всю эту умилительную сцену... — не ... она от волнения.

10) Оставаться в обществе Меньшикова мне было неприятно, я прождал несколько минут и, ... какими-то делами, ушёл, не простившись с Меньшиковым.

VII. Трансформируйте предложения, употребив глаголы группы *говорить*.

1) Больного ребёнка не могли заставить выпить лекарство.

2) Завкафедрой ошибся, сказав, что уезжает в командировку 12-ого марта: он уезжает 11-ого.

3) Если Саша решил что-нибудь сделать, его невозможно убедить не делать этого.

4) Впечатлений после отдыха на море было так много, что они долго не могли закончить этот разговор.

5) Слушайте внимательно, в паузы вслед за диктором медленно повторяйте прослушанные фразы.

6) Прежде чем подавать начальнику заявление об уходе, тебе лучше посоветоваться с его заместителем.

7) Мы условились встретиться у театра за полчаса до начала спектакля.

8) Увидев на улице большую собаку, ребёнок от страха не мог произнести ни слова.

VIII. Напишите небольшие тексты, стараясь употребить все данные выражения.

Группа А	Группа Б
под чем подразумевают;	в том-то и ...;
реагировать медленно;	выделять несколько типов;
было бы наивно считать;	входить в жизнь;
а пока что учёные установили;	меньше всего поддаётся чему;
это только предпосылка к тому, что...;	сгладить крайности;

IX. Прочитайте фразы. Каждую используйте в качестве первого предложения микротекста.

1) Наследуются только отдельные черты темперамента.

2) Всем маленьким детям свойственна настороженность к чужим.

3) Есть люди, которые всю жизнь громко говорят.

4) Двигательная активность у малышей тесно связана с интеллектуальным развитием.

5) Врожденные психологические особенности можно сгладить.

X. Прочитайте текст и расскажите, у какого учителя вы бы хотели учиться?.

В сороковые-пятидесятые годы прошлого века детьми в учителе был в первую очередь востребован специалист, то есть тот человек, который блестяще знает свой предмет. Вне всякого сомнения, учитель таким и должен быть, но современные дети хотят видеть в нём ещё и личность, и всесторонне развитого человека высокой общей культуры, кроме того, желательно и понимание и знание учителем основ математики и естественных наук независимо от профиля образования, потому что это помогает организовать мышление. А кто ясно мыслит, тот ясно излагает. Наконец, только учитель, способный к саморазвитию и самосовершенствованию, в состоянии развивать детей. Ясно, что такое изменение требований к учителю предъявляет и новые требования к его образованию, которое должно обеспечивать не только знание предмета и основ педагогики, но и серьёзную общекультурную и даже междисциплинарную подготовку, с чем низкое качество педагогического образования в России сегодня не может справиться. Это и есть одна из главных причин появления «никаких» учителей в нашей школе.

XI. Переведите предложения на русский язык.

1) 我们说一个人是"火爆脾气",是指这个人对事物反应过激,动不动就生气,容易失去自我控制。

2) 自私者的特点是遇到任何情况总是首先想到我能从中得到什么好处。

3) 还有一些人天生不愿意出头,总是躲在一边观察别人是怎么做的。

4) 有些俄罗斯人爱走极端,情绪不稳定,常常从大喜一下就跌进大悲的心境。

5) 1942年6月,背信弃义的法西斯德国不顾《苏德互不侵犯条约》向苏联宣战。

6) 经验告诉我们,在课堂上能够集中注意力,目不转睛,跟着老师的节奏积极思考的学生往往学习比较轻松。他们不用花很大气力就能掌握所学知识。

7) 胆怯和优柔寡断是可以克服的,为此专家们制定出一套行之有效的训练科目。

8) 大仲马说过皱纹和伤疤可以增添男人的魅力,所以你不用担心这点伤疤。

9) 亲爱的爸爸，你已经年近花甲，就干点力所能及的事情吧，要爱惜自己，不要累着，别让我们担心。

10) 我们班新来的同学性格随和，热情开朗，很快融进了我们这个集体。

XII. Напишите сочинение на одну из данных тем:

1) Мой взгляд на коррекцию врождённых психологических особенностей ребёнка.

2) Если у меня будет ребёнок.

Текст 2

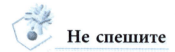

Не спешите

Постоянная спешка, суета, торопливость проникают во все сферы нашей повседневной деятельности. Спешка становится образом жизни. Попробуйте несколько замедлить темп своей жизни. Сначала это может потребовать от вас серьёзных усилий, но потом войдёт в привычку.

Начните с того, что замедлите свои ежедневные утренние сборы. Попытайтесь вставать на полчаса раньше, тогда вам не придётся всё делать на ходу и буквально выбегать из дому. Это скажется на темпе всего последующего дня.

Найдите время сесть и спокойно позавтракать. Ешьте неторопливо, наслаждаясь каждым кусочком. Выключите мешающие и отвлекающие внимание радио, телевизор, отложите в сторону газеты. Просто получайте удовольствие от завтрака.

Сделайте из приготовления завтрака, сервировки стола и самой еды приятные и значимые церемонии, особенно если вы обедаете в забегаловках, атмосфера которых далека от покоя. При возможностях старайтесь избегать таких мест, лучше перекусите на озаренной солнцем скамейке в парке или в тени под раскидистым деревом.

Старайтесь выходить из дому заблаговременно, чтобы вам не приходилось прибегать на работу взмыленным. Лучше всего ходить на работу пешком — тогда

УРОК 7

вам не придётся зависеть от уличных пробок в часы пик по утрам. Если вам всё-таки придётся вести машину, старайтесь не превышать допустимую скорость. Научитесь воспринимать процесс движения к поставленной цели как приятное времяпрепровождение.

Повсюду — дома и на работе — прикрепите на видные места записочки с напоминаниями себе о том, что не надо спешить. Я в своё время не раз обнаруживала, что спешка вредна в любом деле, что в итоге из-за неё часто приходится терять время на частичную или полную переделку всей работы. Попробуйте не спеша делать всё основательно с самого начала — тогда вы сможете получить удовольствие от самого процесса выполнения той или иной работы.

Превратите свою квартиру в приют умиротворения и удовольствия, ведь именно здесь вы полностью отрешаетесь от суеты окружающего мира и восстанавливаете силы. От атмосферы, царящей дома, зависит очень многое. Если вы сможете как следует отдохнуть и полностью восстановиться после трудного дня, то и новый день пройдёт на подъёме. Поэтому очень важно правильно организовать пространство вашей квартиры, а спальни в особенности.

Китайцы говорят: «Порядок в спальне — спокойствие в мыслях». Хаос в любой комнате, а уж тем более в спальной, действует на нервы, не даёт успокоиться и расслабиться, мешает заснуть. Если вы попытаетесь убраться на скорую руку, лишние вещи всё равно будут попадаться на глаза, отвлекая и вызывая раздражение. Лучше раз и навсегда навести дома идеальный порядок, и всё, что вам останется — это лишь его поддерживать.

Сделайте над собой усилие и постарайтесь проанализировать все сферы своей жизни, прикидывая, где именно вы можете несколько замедлить её темп. За счёт этого у вас появится дополнительное время на то, чтобы получать больше удовольствия от выполнения каждого дела.

Замедление темпа поможет вам лучше прочувствовать то, чем вы в данный момент занимаетесь, и облегчить выявление своей внутренней сущности.

Да и вообще жизнь коротка. Куда спешить?

ВОПРОСЫ К ТЕКСТУ

1) Почему автор советует «не спешить в жизни»?
2) Как можно изменить привычку?
3) Какова ваша жизнь, спокойная или торопливая?
4) Как вы понимаете фразу — «Да и вообще жизнь коротка. Куда спешить?»

УРОК 8

Текст 1

Детство лицом в монитор

«Он сидит за компьютером, не подпускает меня к себе, он весь там, я его теряю, помогите!» Так или почти так звучит крик о помощи от родителей, когда речь заходит о ребёнке и его сидении за компьютером. Действительно ли эта техника так страшна? Стоит ли что-то делать или пустить на самотёк — ведь ребёнок как никак развивается за этим «чудо-ящиком»? Или имеет смысл подумать: а дальше что будет?

Давайте посмотрим на компьютерное детство со стороны: что приобретаем, что теряем, как вообще всё это выглядит, если отодвинуть картинку «засевший за компьютером ребёнок, которого не оторвать» шагов этак на 20–30? Что видим? За столом — или на кресле, диване, с ноутбуком на коленях — сидит уже повзрослевший ребёнок. И красными глазами — от многочасового взгляда в монитор — неотступно следит за меняющимися на экране картинками. Поза напряженная. Позвоночник изогнут в дугу. Плечи покатые, голова тянется к монитору, спеша затолкать туда и всё своё содержимое— мысли, чувства, ожидания, будущее. И взять оттуда по максимуму — эмоции, знания, навыки, общение[1].

Что получает такой ребёнок? Это он и получает:

— Виртуальное общение, ощущение собственной нужности и значимости. Найти «братьев по разуму[2]» в Интернете? Легко! С ними не нужно будет выстраивать отношения — а вдруг кинут, предадут, променяют на кого-то или на что-то? Пусть, других найдём! С ним не нужно будет искать компромиссы, подстраиваться под интересы[3], смотреть в глаза и отказывать, если в этом возникнет необходимость. С виртуальными друзьями проще. Единственное «но» — к ним

нельзя прикоснуться... Интернет, как известно, большая информационная кладовка. В ней можно найти всё и больше, чем всё. Только научись пользоваться поисковиками, щелкать по нужным клавишам. Поэтому вместе со знаниями рука об руку идут навыки...

— Навыки во владении компьютером и Интернетом ребёнок приобретает играючи. С той легкостью, которая нам, взрослым, неведома.

Что же тогда наш ребёнок теряет?

— Здоровье физическое. Достаточно посмотреть на то, как ребёнок сидит за компом и помножить на время... — Здоровье психическое. На этом пункте родители обычно спотыкаются: а что, собственно, с ним происходит? А вот что: все его мысли и чувства отныне будут делиться не с вами, а с монитором. Завтракая, он будет думать не о реальных делах и отношениях, а о виртуальных достижениях, достичь которых можно быстротой ума и кликанием мышки. А чувства? Они также будут отдаваться машине. Конечно, в урезанном виде[4], но будут. Машине. Не вам.

Я напугала вас, дорогие родители? Надеюсь, что да. И только для того, чтобы мы с вами вместе задумались: если это, действительно, так страшно, то, что же делать?

Предлагаю начать издалека. Вы готовы дать детям наркотики? А разрешить прыгать с крыши 12-этажного дома? Нет? Почему? Потому что вы наверняка знаете, к чему это может привести. Многочасовое сидение за компьютерными играми или в Интернете похоже на наркотик замедленного действия. НО! Есть условия, при которых «компьютерная бомба» превращается в высокотехнологичное современное обучающее устройство. Что это за условия?

Компьютер и всё, что с ним связано, не должно ЗАМЕНЯТЬ реальную жизнь. Отношения, чувства, мысли хороши в живой, а не виртуальной реальности. Тогда ребёнок развивается в гармоничную здоровую личность.

Ваше, дорогие родители, желание быть рядом со своим ребёнком и давать ему то, что ему, действительно, нужно. Я не про игрушки или мелочь на карманные расходы. Я про вечное — про Любовь. Ему нужно ваше внимание, любовь, активное слушание, желание поддержать в сложную для него минуту. Если это есть, компьютер станет удачным дополнением, но не заменой. Если этого — вечного — нет или недостаточно, ребёнок будет удовлетворять эмоциональный

УРОК 8

голод[5] в виртуальном пространстве...

Компьютер — это инструмент. Да, именно такое позиционирование «чудо-машины». Такой же инструмент, как молоток или топор. Только одним мы забиваем гвозди, а другой позволяет... Думаю, вы сами сможете объяснить своему чаду, для чего был создан компьютер. То же самое с «сетью». Она была создана, чтобы... Помните, для чего она нужна? «Одноклассники» и иже с ними[6] появились гораздо позже.

Родительский страх, что ребёнка «засасывает» компьютер, имеет под собой основание. Но чтобы посмотреть на страх с другой точки зрения и начать действовать, достаточно вспомнить, КТО купил ребёнку компьютер и научил им пользоваться. То-то же. Эти же люди смогут и отучить своего драгоценного отпрыска от компьютера или предложить ему замену. Ну и, в конце концов, в силах каждого из нас, дорогие родители, давать сыну или дочке столько любви, нежности, ласки, внимания, чувства опоры, сколько им нужно. Пожалуйста, не заставляйте детей требовать у вас Любви — выуживать её силой! Или с помощью компьютера.

КОММЕНТАРИИ

1. **спеша затолкнуть туда и всё свое содержимое... и взять оттуда по максимуму ...** — здесь: увлечение Интернетом приводит к тому, что компьютер становится всем, заменяет самых близких людей, там находит ребёнок все ответы на свои вопросы.

2. **найти «братьев по разуму»** — найти в Интернете друзей, которые по взглядам, по мироощущениям будут тебе близки.

3. **подстраиваться под интересы** — учитывать интересы кого-либо.

4. **в урезанном виде** — в сокращённом виде.

5. **эмоциональный голод** — недостаток чувств, душевных переживаний.

6. **иже с ним (ними)** — (кн. неод.) те, которые с ним (с ними), единомышленники, подобная ему (им) компания.

СЛОВАРЬ

самотёк: движение жидкости или сыпучих веществ силой собственной тяжести по уклону; ход какого-л. дела, работы, движение чего-л. без плана, без руководства, совершающееся само собой, стихийно.（液体、散体物的）自流；〈转〉放任自流

приобрести[完]; приобретать[未]: стать владельцем чего-л., купить что-л. 获得；买到

этак: таким образом; примерно, приблизительно.〈口〉如此，像这样；大约，大概

неотступно; неотступный: не отступающий от кого-л., чего-л.; упорно преследующий. 紧追不放的,毫不退让的

изогнуть[完]; изгибать[未]: согнуть, придавая чему-л. вид дуги или волнистой линии; сделать изогнутым. 使弯曲,使成拱形

дуга: часть окружности или какой-л. другой кривой линии в виде полукруга. 弧，弧形,弧线

покатый: наклонный, пологий. 倾斜的

виртуальный: условный, кажущийся; не существующий в действительности, не имеющий физического воплощения. 假想的,虚拟的

выстроить[完]; выстраивать[未]: создать, организовать, основываясь на чём-л.; выразить, сформулировать. 建起,形成

кинуть[完]; кидать[未]: оставить, бросить, покинуть.〈口〉抛弃,离开

компромисс: соглашение на основе взаимных уступок. 妥协,互让；折衷

прикоснуться[完]; прикасаться[未]: (кого-чего) дотронуться до кого-л, чего-л. 轻轻触及

кладовка: небольшое помещение для хранения товаров, припасов, материалов, экспонатов 小仓库,小储藏室

поисковик: интеллектуальная поисковая информационная система.（网络）搜索引擎

щёлкнуть[完]; щелкать[未]: произвести короткие, отрывистые звуки (обычно ударяя, двигая и вообще действуя чем-л. или выключая что-л. и т.п.). 弹,弄得劈啪响；点击（键盘等）

играючи: без всяких усилий, легко, как будто шутя. 轻松地,闹着玩似地

УРОК 8

неведомый: книж. неизвестный, таинственно-непонятный.〈书〉不为人知的, 玄妙的

споткнуться [完]; спотыкаться [未]: задев за что-л. ногой при ходьбе, беге, потерять равновесие; допустить какую-л. ошибку в жизни, деятельности. 绊在……上 (要跌倒);〈转,口〉栽跟头, 犯错误

монитор: устройство компьютера, предназначенное для вывода на экран текстовой и графической информации; дисплей. 显示器

наверняка: несомненно, верно, точно.〈口〉无疑地, 一定

позиционирование: социальная позиция социального объекта в соответствии с его социальным статусом и ролей. 定位, 确定位置

чадо: сын или дочь (независимо от возраста). 孩子

засосать[完]; засасывать[未]: втянуть, вобрать в себя; подчинить своему влиянию, подавляя, затягивая (о жизни, среде, работе). 开始吮吸; 吸进去; 使沉迷

отучить[完]; отучивать[未]: заставить отвыкнуть от чего-л. 使戒除, 使不再……

отпрыск: потомок; дитя, чадо.〈旧, 现用作讽〉后裔, 子孙

выудить [完]; выуживать [未]: выловить удочкой; извлечь, достать откуда-л.; получить, узнать, добиться чего-л. с трудом или хитростью, обманом и т.п. 钓出, 钓得;〈转,口〉弄到; 骗得

ВОПРОСЫ К ТЕКСТУ

1) Что говорят родители, когда сидение ребёнка за компьютером становится опасным?

2) Как выглядит ребёнок, часами просиживая за компьютером?

3) Что представляет собой виртуальное общение?

4) Что вместе со знаниями приобретается ребенком за компьютером?

5) Что теряет ребёнок, долгие часы просиживая у монитора?

6) Что отдает ребёнок машине?

7) На что похоже многочасовое сидение за компьютером?

8) Какое условие превращает «компьютерную бомбу» в высокотехнологичное современное обучающее устройство?

9) Что должно быть главным в отношениях: родители – ребёнок?

10) Какую замену компьютеру можно предложить?

ЗАДАНИЯ

I. Переведите предложения на китайский язык, обращая внимание на выделенные части.

1) Он сидит за компьютером, <u>не подпускает меня к себе</u>, он весь там, я его теряю, помогите!

2) Давайте посмотрим на <u>компьютерное детство</u> со стороны: что приобретаем, что теряем, как вообще всё это выглядит, если отодвинуть картинку «<u>засевший за компьютером ребёнок, которого не оторвать</u>» шагов этак на 20–30? Что видим?

3) Интернет, как известно, большая информационная кладовка. В ней можно найти <u>всё и больше, чем всё</u>.

4) <u>Навыки</u> во владении компьютером и Интернетом ребёнок <u>приобретает играючи</u>. С той легкостью, которая нам, взрослым, не ведома.

5) Чувства также будут <u>отдаваться машине</u>. Конечно, <u>в урезанном виде</u>, но будут. Машине. Не вам.

6) И красными глазами — от многочасового взгляда в монитор — <u>неотступно следит</u> за меняющимися на экране картинками. <u>Позвоночник изогнут в дугу</u>, голова тянется к монитору.

7) Найти «братьев по разуму» в Интернете? Легко! С ними не нужно будет <u>выстраивать отношения</u> – а вдруг кинут, <u>предадут</u>, <u>променяют</u> на кого–то или на что–то? Пусть, других найдём!

8) <u>Достаточно вспомнить</u>, кто купил ребёнку компьютер и научил им пользоваться. <u>То–то же</u>. Эти же люди смогут и <u>отучить своего драгоценного отпрыска от</u> компьютера или предложить ему замену.

II. Замените выделенные слова, словосочетания в данных предложениях другими, близкими по смыслу.

1) Ну и, <u>в конце концов</u>, <u>в силах каждого из нас</u>, дорогие родители, давать сыну или дочке столько любви, нежности, ласки, внимания, <u>чувства опоры</u>, сколько им нужно.

УРОК 8

2) Стоит ли что-то делать или пустить на самотёк — ведь ребёнок как никак развивается за этим «чудо-ящиком»?

3) Здоровье физическое. Достаточно посмотреть на то, как ребёнок сидит за компом и помножить на время.

4) Здоровье психическое. На этом пункте родители обычно спотыкаются: а что, собственно, с ним происходит?

5) Родительский страх, что ребёнка «засасывает» компьютер, имеет под собой основание.

6) Завтракая, он будет думать не о реальных делах и отношениях, а о виртуальных достижениях, достичь которых можно быстротой ума и кликанием мышки.

7) Предлагаю начать издалека. Вы готовы дать детям наркотики? А разрешить прыгать с крыши 12-этажного дома? Нет? Почему? Потому что вы наверняка знаете, к чему это может привести.

III. Объясните своими словами следующие фразы.

1) С виртуальными друзьями проще. Единственное «но» — к ним нельзя прикоснуться...

2) С ним не нужно будет искать компромиссы, подстраиваться под интересы, смотреть в глаза и отказывать, если в этом возникнет необходимость.

3) Компьютер — это инструмент. Да, именно такое позиционирование «чудо-машины». Такой же инструмент, как молоток или топор.

4) И взять оттуда по максимуму — эмоции, знания, навыки, общение.

5) Многочасовое сидение за компьютерными играми или в Интернете похоже на наркотик замедленного действия.

6) Вместе со знаниями рука об руку идут навыки.

IV. Подберите однокоренные слова к данным словам, определите, к каким частям речи они относятся.

слова	однокоренные	части речи
помощь		
техника		
развитие		

детство		
следить		
общаться		
выстраивать		
прикоснуться		
кладовка		
поисковик		
непременно		
ловить		
гостеприимство		
взаимопонимание		
безобразие		
углублённый		
предшественник		

V. Выберите подходящее слово и поставьте его в нужной форме.

1) Он _____ (вертеться, вертеть) у неё перед глазами, как муха, звенел, как комар над ухом.

2) Разговор _____ (вертеться, вертеть) вокруг событий последних дней.

3) Увидев соседа за столом, рыжая собака подбежала, _____ (вертеться, вертеть) хвостом, легла у него под ногами.

4) Василий осторожно _____ (стучать, стучаться): два раза и потом ещё один раз.

5) Ночью в дверь их дома вдруг страшно застучали. Дом стоял поблизости от шоссе – это _____ (стучать, стучаться) на постой немцы.

6) Уже зима _____ (стучать, стучаться) в дверь.

7) Мне пришлось начать _____ (стучать, стучаться) в двери редакций в поисках работы.

8) Машина круто _____ (повернуть, повернуться) к небольшой речке, к её берегам, густо заросшим травой.

9) Оксана закрыла руками лицо, быстро _____ (повернуть, повернуться) и исчезла.

10) Он _____ (повернуть, повернуться) голову и серыми глазами глянул в загорелое лицо вошедшего.

11) – Неужели! – крикнула Олеся, _____ (повернуть, повернуться) к нему лицом.

VI. Попытайтесь «угадать», какое из заключённых в скобки слов было использовано писателем.

1) Владимир встал и пошёл искать дорогу домой, но ещё долго (блуждал – бродил) по незнакомому лесу, пока не попал на тропинку, которая и привела его прямо к воротам дома. (А. Пушкин)

2) Горные (верхушки – вершины) спят во тьме ночной. (М. Лермонтов)

3) В гостиной сидела старушка с добреньким и худеньким лицом, робким и печальным (взглядом – взором). (И. Тургенев)

4) Дипломат говорил спокойно и вежливо, развивая какую-то (идею – мысль). (Ф. Достоевский)

5) Белинский (владел – обладал) необыкновенной проницательностью и удивительно светлым взглядом на вещи. (Н. Добролюбов)

6) Даша взяла горсть камешков и не спеша (бросала – кидала) их в воду. (А.Н. Толстой)

7) Характерные черты (внешности – наружности) Тополева — высокий рост, сутуловатость, усы — послужили благодарным материалом для художника. (А.Ажаев)

VII. Определите и сопоставьте значения глагола *строить* с разными приставками.
выстроить – выстраивать, выстроиться – выстраиваться, достроить – достраивать, застроить – застраивать, надстроить – надстраивать, настроить – настраивать, настроиться – настраиваться, перестроить – перестраивать, подстроить – подстраивать, построить, пристроить – пристраивать, расстроить – расстраивать, расстроиться – расстраиваться, устроить – устраивать, устроиться – устраиваться

VIII. Вставьте вместо точек глагол *строить* с разными приставками.
1) В XIV веке Московский Кремль ...: вместо деревянных возвели стены и башни

из белого камня.

2) Только он ... жить по новому режиму, а вы опять за старое.

3) Они ... охранниками в супермаркет, что позволило им оплачивать съёмную квартиру.

4) В конце XIX века здесь ... много одноэтажных и двухэтажных домов.

5) Столичный завод «Сатурн» ... в торгово-офисный центр.

6) Все вокзальные площади Москвы ... торгово-досуговыми комплексами.

7) Недавно корпуса института туризма решили ... на два этажа.

8) Есть версия, что автокатастрофу, в результате которой погиб президент компании «Империя», ... её конкуренты.

9) К зданию магазина ... помещение для склада.

IX. Закончите высказывания, употребляя глагол *строить* с разными приставками.

1) Его брат окончил Институт иностранных языков, ...

2) Он ведёт себя высокомерно по отношению к коллегам, ...

3) Через полчаса начнётся концерт, ...

4) Мы работаем 5 дней в неделю, ...

5) Сын провалился на вступительных экзаменах, ...

6) В концерте исполняли классическую музыку, а мы, когда шли на концерт, ...

7) Вдоль шоссе тянутся поля, которые вскоре ...

8) Игрокам не понравилось судейство, и они ...

X. Объясните данные выражения, составьте небольшие тексты, стараясь употребить все выражения.

Группа А	Группа Б
достаточно посмотреть на то, как...;	в конце концов;
как никак;	в силах каждого из нас...;
есть условия, при которых...;	иметь под собой основание;
пустить на самотек;	посмотреть с другой точки зрения...;
собственно	когда речь заходит о ком-чём

УРОК 8

XI. Переведите предложения на русский язык.

1) 当我们谈到电脑对现代社会带来的极大方便之时，也不应忘记由它而引起的诸多问题。

2) 对于那些沉迷于网络游戏而成绩落后的孩子不能放任自流，要让他们明白一个问题，那就是人不能靠打游戏过一辈子。

3) 只有当孩子乐于与家长分享自己的情感和思想的时候，才不会出现"代沟"问题。

4) 存在主义者(экзистенциалист)认为一切现存的事物都有它存在的理由，都是合理的。

5) 人在现实生活中得不到情感上的安慰和满足，就会求助于虚拟的网络世界。

6) 有些人很聪明，掌握课本里的那些知识对他来说不算什么，就像玩儿一样。

7) 当谈判遇到问题时，双方都应该做出适当的让步，才能达成原则上的一致。

8) 当你全身心投入一项工作时，你的投入一定会得到回报，这项工作也一定会成功。

9) 人不可能一直生活在虚拟的世界里，他终归要与现实中的人和事打交道，所以虚拟世界不能完全替代现实生活。

10) 一个人对自己的定位很重要。定位过高会给你造成一定的心理负担，定位过低会影响你取得较大成就，只有准确定位才能让你既身心愉悦，又充分发展。

XII. Прочитайте текст и переведите его на китайский язык.

Чаще всего занятия фитнесом проходят в специальных клубах под руководством опытных инструкторов. Но это вовсе не обязательное условие. Фитнес — это гораздо более широкое понятие, чем просто регулярное посещение фитнес-клуба, оснащенного огромным количеством современного оборудования и предлагающего десятки самых разных услуг (нужных и не очень). Если Вы действительно хотите держаться в форме, то всегда найдёте для себя разные способы: ходить на лыжах, кататься на коньках или роликах, играть в бадминтон, волейбол, футбол, просто бегать на школьном стадионе, плавать в бассейне, — всё это будет Вашим персональным фитнесом. Чем бы вы ни занимались, главное — регулярность и получение удовольствия от того, что Вы делаете. И тогда фитнес станет неотъемлемой частью Вашей жизни. Таким образом, можно с уверенностью заявлять, что фитнес является образом жизни, позволяющим сохранить и укрепить здоровье, уравновесить

эмоциональное состояние и совершенствовать физическую форму.

XIII. Переведите текст на русский язык.

小故事大道理

小故事：驴和狐狸合伙去打猎。它们突然遇见了狮子，狐狸见大事不妙，立刻跑到狮子面前，许诺把驴交给它，只要自己能免于危险。狮子答应了它，狐狸便引诱驴掉进一个陷阱里。狮子见驴已经不可能逃脱了，便首先把狐狸抓住吃了，然后再去吃驴。

大道理：出卖朋友者从来没有好下场。这不是出自道德意义上的说教，而是实实在在存在于生活中的真理。记住：朋友不是用来出卖的，也不是用来谋利的，而是用来联合的。

XIV. Напишите сочинение на тему:

Компьютер в нашей жизни

Текст 2

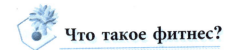

Что такое фитнес?

Фитнес (англ. *fitness*) — в более широком смысле — это общая физическая подготовленность организма человека. В узком смысле фитнес — это оздоровительная методика, позволяющая изменить формы тела и его вес и надолго закрепить достигнутый результат. Она включает в себя физические тренировки в сочетании с правильно подобранной диетой. В отличие от аэробики, упражнения и диета в фитнесе подбираются индивидуально — в зависимости от строения и особенностей фигуры. Заниматься по этой системе могут все без исключения, независимо от возраста и состояния здоровья, даже беременные женщины.

Фитнес вошёл в российскую моду с открытием границ и перестройкой. Фитнес, в переводе с английского, означает соответствовать, быть в хорошей форме. То есть, фитнес — это комплекс упражнений, направленный на улучшение и укрепление здоровья человека, позволяющий изменить форму тела,

УРОК 8

подкорректировать фигуру, изменить вес, и при этом достигнутый результат остаётся надолго.

В расписание многих современных женщин сейчас входит посещение фитнес-клубов. В фитнес-залах предлагается несколько видов занятий, позволяющих дамам обрести стройность, укрепить мышцы и просто встряхнуть свой организм после нудного рабочего дня. Самыми популярными видами фитнеса на данный момент являются: аэробика, пилатес, силовая гимнастика, йога и танцы. Видами аэробики являются:

- Классическая аэробика — система упражнений, включающая прыжки, бег, и танцевальные элементы. Она позволяет вам укрепить здоровье и сжечь лишние калории.

- Степ-аэробика — аэробика с танцевальными движениями, проводимая с использованием специальных платформ — «степов». Способствует укреплению мышц ног, а также предотвращению заболеваний суставов и восстановлению после травм.

- Тай-бо — вид аэробики, сочетающий в себе приёмы и движения из различных боевых единоборств. Увеличивает вашу выносливость и силу и позволяет потерять лишние килограммы.

- Фитбол — упражнения с использованием большого резинового мяча. Регулярные занятия фитболом укрепляют мышцы спины, улучшают осанку, позволяют избавиться от болей в спине.

- Калланетика — занятия заключаются в том, что женщине необходимо удержать определённую силовую позу, что помогает укреплять несколько групп мышц одновременно.

- Силовые тренировки — упражнения с отягощением (тренажеры, гантели и т.п.). Позволяют как набрать мышечную массу, так и сбросить лишние килограммы.

- Пилатес — это система упражнений, основными правилами которой являются: плавное выполнение всех движений, многократное повторение, правильное дыхание. Особое внимание в пилатесе уделяется мышцам спины и живота.

- Фитнес-йога — разновидность йоги, в которой отсутствует фаза медитации. Однако, как и в буддийской йоге, всё внимание должно быть сосредоточено на гармонии тела и духа и контроле за своими чувствами.

- Восточные танцы (в основном — танец живота) позволяют развивать гибкость и пластику движений, обрести правильную осанку и сделать свой живот идеально плоским.
- Европейские танцы сочетают в себе элементы клубных, латинских, джазовых танцев, а также стрип-дэнса. Вы научитесь правильно двигаться под любую музыку, а так же приобретете отличную физическую форму и избавитесь от лишних калорий.

Всего за несколько лет люди поменяли своё представление о занятии спортом. Теперь это не изнурительное дело, необходимое для поддержания здоровья, а стиль жизни активных красивых людей. Посещение фитнес-центра — приятный досуг, совмещенный с заботой о себе.

ВОПРОСЫ К ТЕКСТУ

1) Почему фитнес пользуется большой популярностью в современной жизни?
2) В чём мы видим смысл жизни?
3) На какие виды подразделяется аэробика?
4) Как изменилось у людей представление о занятиях спортом?

УРОК 9

Текст 1

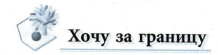 **Хочу за границу**

Наталья Толстая[1]

Когда Марине предложили перейти в университет, на преподавательскую работу, она согласилась сразу. И очень ей хотелось съездить за границу — в Данию, куда же ещё. Желание поехать в Данию легко объяснить городу и миру: человек десять лет преподаёт <u>датский</u> язык и литературу. Так можно посмотреть, что за страна такая, а? Нет? Мечта, <u>дремавшая</u> годами, проснулась, когда на кафедру из иностранного отдела пришло одно место на недельную ознакомительную поездку в Данию. Завкафедрой сказал: «Характеристику пишите на себя сами. Вам ехать — вы и бегайте». Характеристику (6 экземпляров под копирку) надо было сперва показать дяденьке из комнаты по оформлению загранкомандировок. Была такая комнатка в углу, за <u>машбюро</u>, а дяденька вежливый, с внимательным взглядом. От него пахло только что выпитым кофе.

— Придётся, Марина Николаевна, переписать характеристику. Вы ничего не сообщили о первом браке: ФИО первого мужа, год и место его рождения, где работает... Отдельной строкой напечатайте: «Партком, профком и <u>ректорат</u> поставлены в известность о причинах развода доцента Петровой и согласны с причинами развода». Марина растрогалась: сама не знала, зачем, дура, развелась, а в ректорате — знают и согласны. В иностранный отдел стояла очередь за бланками. Отдел работал — час утром, час вечером, среда неприёмный день. Две девицы, черненькая и беленькая, с утра утомленные тем, что народ по десять раз переписывает одно и то же, говорили тихими, монотонными голосами, скрывая раздражение.

— Повторяю ещё раз. Эти четыре бланка заполняются от руки. На машинке нельзя! Теперь держите восемь розовых бланков, эти только на машинке! Указывайте девичью фамилию матери и жены.

— Тут места не хватит.

— Ну что вы как маленький, ей-богу! Можете писать сокращённо — дев. фам. всех-всех родственников укажите... Так, держите шесть голубеньких, здесь пишите национальность и партийность, а место работы не надо. Ну, и двадцать четыре фотографии, матовых, в овале, без уголка.

Новички недоумевали: зачем двадцать четыре? Одну — на паспорт, а двадцать три куда прилепят?

— Следующий!

Старая дама прошмыгнула без очереди.

— Я уже была, я только спрошу! Будьте так добры...

Из-за двери послышался виноватый голос:

— Простите, Танечка, опять вас беспокою. Если отец умер, его надо писать?

— Обязательно, и укажите, был ли он членом партии.

— Он умер тридцать лет назад!

— На момент смерти был он членом партии или нет? И где похоронен, напишите. Название кладбища, ряд, место. Ириша! Закрывай дверь. Сегодня больше не принимаем, и так зашиваемся.

Марина готовилась к поездке: стояла у читального зала и изучала портреты членов политбюро, стараясь найти ассоциативные связи или внутреннюю мотивировку их фамилий. Потом стала примерять их на роль мужа или любовника, и дело пошло быстрей. Алиева и Суслова отвергла сразу. Поколебавшись, остановилась на Воротникове[2]: неизвестный художник придал его глазам интеллигентную грусть. Лаборантка вернула Марину к действительности. «Где вы пропадаёте? Сейчас идеологическая комиссия заседает. Как какая? Факультетская!»

Перед тем, как открыть дверь и переступить порог, Марина сделала специальное лицо: «Еду за рубеж не ради удовольствия, сохрани господь. Надо собрать материал для нового спецкурса». Идеологическая комиссия состояла из двух немолодых дам, с плохо покрашенными волосами. Одна — доцент по Анне Зегерс[3], другая — ассистент без степени, пишет на тему «Образ рабочего в болгарской прозе». От дам исходили благожелательные токи, напрасно Марина сделала

УРОК 9

спецлицо.

— Какова область ваших научных интересов, Марина Николаевна?

— Видовременная система скандинавских глаголов.

Дамы вежливо улыбнулись, тему, мол, одобряем.

— Как собираетесь использовать время в заграничной поездке?

Вот сказать бы им сейчас: колбаску вкусную куплю и съём. И запью – баночным пивом. Удобные туфли куплю, а те, что на мне, костоломы, выброшу в пролив Скагеррак[4]. А если деньги останутся, мыла душистого на подарки.

— Думаю поработать в библиотеках, походить по музеям.

Дама по Анне Зегерс кивнула:

— Желаю счастливого пути!

«Какие вы милые, идеологи, — думала Марина, идя домой, — не терзали, не гоняли по пленумам. Дай вам бог хорошей импортной краски для волос».

По четвергам заседало партбюро факультета. Перед дверью собралось человек пятнадцать, вызывали по фамилиям.

— Какие будут вопросы Марине Николаевне?

— Как вы готовитесь к поездке? Есть у вас план подготовки?

Это спросил старый фадеевед[5]. Сорок лет изучает «Молодую гвардию», а диссертацию так и не защитил. Но уволить его нельзя: участник парада победы на Красной площади. Его всегда включали в приёмную комиссию, и он всегда задавал абитуриенту один и тот же вопрос: «Что самое главное в истории университета?» Простые души, обрадовавшись, что могут показать эрудицию, соловьями заливались[6] про двенадцать коллегий, некоторые начинали с семнадцатого века. Думали: оценит, отметит. А надо-то было всего ничего. Скажи: «Владимир Ильич сдавал здесь экзамены на юридический факультет», — и ушёл бы с пятёркой.

— Изучаю историю датского рабочего движения. Работаю с газетным материалом.

Марина слыхала, что в партбюро любят, чтобы газеты не просто читали, «работали» с ними. Секретарь партбюро (изучает частушки советского времени, но стажируется при этом в Англии) кашлянул в кулак.

— Полагаю, всё ясно. Вы свободны. Пригласите Птичку Анатолия Васильевича.

Прошедшие партбюро факультета допускались на центральную идеологическую комиссию университета. Тут, в предбаннике, был народ со всех факультетов. В таких очередях люди всегда дают советы, делятся опытом. Многие были нервно возбуждены. Некоторые стояли с отрешёнными лицами, в разговор не вступали. Всё это напоминало очередь на операцию: всем сейчас будет плохо — и весёлым, и зелёным от страха. Никто тебя не спасёт. Назад дороги нет. Молись.

Марина примкнула к разговорчивым. От них и узнала: в комиссии шесть мужчин и одна баба. К бабе — ни в коем случае! Гоняет по африканским борцам за свободу! Причём требует по фамилиям: кто в тюрьме — отдельно, кто на воле — отдельно. Из мужчин трое комсомольцы, злые, как осы. Жалости не знают — карьеру делают. Надо стараться попасть к старикам, особенно советовали полковника с военной кафедры: любит женщин любого вида и возраста. Марине повезло: попала к автору монографии «О правах человека — истинных и мнимых», любителю поговорить о себе. Марина узнала, что он служил в Корее и что там были особые крысы — белые, а хвосты короткие. Крысы — диверсантки, прошедшие обучение в США, нападали на советских военнослужащих, снижали их боеспособность. Марина слушала историка с большим интересом, сама задавала ему вопросы, смеялась, когда ей казалось, что ему будет приятно.

Краем уха[7] она слышала, как комсомолец с серым лицом говорил доценту-биологу: «Сожалею, но вам придётся прийти ещё раз. Сколько газа добыто за пятилетку, не знаете, задачи коммунистов Непала сформулировать не можете...», Маринин экзаменатор вздохнул и поставил нужную подпись.

Партком университета заседал в мраморном Петровском зале. Бывалые учили новичков:

— Как вызовут в зал, проходи на середину, там стул стоит. Предложат сесть — садись. Будут читать твою характеристику — сиди. Как начнут задавать вопросы — встань. Тот, кто продолжает сидеть — не уважает партком.

— Можно вообще не садиться?

— Нет, если скажут сесть, то надо обязательно сесть.

Маринину характеристику читала дама-юрист. О количестве печатных работ неразборчиво бубнила, а о разводе — громким, звонким голосом.

— Будут вопросы товарищу?

— Товарищ Петрова в Данию собралась, а в своей стране, что, смотреть

УРОК 9

нечего? Секретарь парткома неожиданно вступился:

— Марина Николаевна ещё молодая. Успеет и по своей стране поездить. Вот вы на неделю за границу уедете, а муж-то справится один?

Шутка, поняла Марина. Надо смутиться и потупиться, застесняться.

Райком КПСС был последним барьером, который предстояло взять. Из райкома бумаги пойдут туда, где их будут изучать в тиши и вопросов не зададут. В райком рекомендовали идти, одевшись аккуратно, но некрасиво. Никакой косметики, никаких французских духов! Комиссия состояла из трёх женщин с партийными прическами — белыми начесанными «халами»[8]. Райкомские женщины терпеть не могли молодых преподавательниц из вузов. Марину вызвали одной из последних, вперед прошли две автобазы и завод «Вибратор». «Халы» устали и смотрели неприязненно.

— В ленинских субботниках участие принимаете?

— Конечно, каждый год участвую.

— На овощебазу ходите?

— Раз в месяц по графику.

Женщина с брезгливым ртом, проткнув высокую прическу остро отточенным карандашом, осторожно почесала им голову:

— Университетские хуже всех на базе работают. Белоручки. Капусту зачистить не умеют. Наверно, образование мешает. У нас есть сводки за прошлый месяц — десять человек из ЛГУ (Ленинградский Государственный университет) на проходной задержали: выносили чищеные лимоны.

Другая перечитывала Маринину характеристику, шевеля губами.

— Первый-то муж женился или нет? Дети у него есть от новой жены?

Таких теток Марина любила: с ними всегда можно найти общий язык. Бабское любопытство надо удовлетворять, рассказать о личной жизни подробно, с юмором, себя не жалеть. Им ведь интересно послушать. После Марининых рассказов о том, кто с кем живёт, женщины потеплели, и стало ясно: райком пройдён.

Осталось последнее, добыть справку о здоровье. Терапевт в пуховом берете, мельком взглянув на Марину, начала строчить направление: к невропатологу, лору, гинекологу, рентгенологу... Анализ крови и мочи. Тридцать лет исполнилось? Значит, ещё и кардиограммочку сделаем...

Мочу и кровь надо было сдавать до восьми утра, а остальные врачи принимали, как назло, после шести вечера. Пока Марина ловила невропатолога, анализы успели устареть, и их пришлось сдавать по второму заходу. «Неси всем по коробке конфет», — советовали коллеги. «Как же я эту коробку буду всучивать? — мучилась Марина. — Прямо с порога или раздетая во время осмотра, или класть на историю болезни, пока врач моет руки за ширмой?»

Просидев в очереди перед кабинетами, Марина перечитала стенные газеты.

Наконец, Марина держала в руках справку: «Дана в том, что Петрова М.Н. не имеет противопоказаний по здоровью для поездки на одну неделю в Данию». Поставить круглую печать на справку могла только зав.поликлиникой Тамара Ивановна. Печать она ставила в приёмные часы, раз в неделю, по понедельникам.

Профессор, с которым Марина подружилась в поликлинических очередях, искал валидол: «Ну и сволочи. Своими бы руками задушил. Ведь издеваются! Едешь во Францию — сдавай кровь из пальца, а если в Англию — уже из вены! А кто в США оформляется? Всю кровь выпьют».

В понедельник с семи утра образовалась очередь к Тамаре Ивановне, за печатью. В десять часов бодрая и свежая зав. поликлиникой объявила: «Товарищи! Придётся немножко подождать: срочное совещание зав. кабинетами. Не волнуйтесь! Всех приму!» Четырнадцать женщин, зав кабинетами, гуськом прошли в кабинет Тамары Ивановны. Из-за двери в коридор донеслось:

— Попрошу потише! Наборы сегодня такие: две банки тушенки, правда, свиной, три пачки индийского чаю, банка горошка и перец чёрный, молотый. Ну и в нагрузку четыре банки морской капусты.

— Хорошие наборы! Морскую капусту можно мелко-мелко нарезать и понемногу в винегрет добавлять.

— Тише, товарищи! Есть ещё тёплые югославские кальсоны, с начесом. Размеры — только маленькие.

— А больших нет? А цвет какой?

— Это же кальсоны! Какая вам разница, какой цвет?

— «Да-да, — думали изнывающие за дверью преподаватели, — ведь, небось, клятву Гиппократа[9] давали, бесстыжие...»

За две недели до поездки Ирочка из иностранного отдела догнала Марину на Университетской набережной:

— Ой, хорошо, что вас встретила! Не пропустили вас. Сказали, что

УРОК 9

международная обстановка осложнилась. Пускают только партийных, с опытом пребывания за рубежом. Ничего, в следующий раз поедете!

Ирочка вскочила в подошедший троллейбус. В голове Марины стало пусто и гулко. «Три месяца потратила на идиотские комиссии, десять врачей обошла... Заискивала. Унижалась... Поделом». Домой идти не хотелось. Хотелось просто посидеть на скамейке. Марина не заметила, как забрела в зоопарк, — ноги помнили, что скамейки там есть. В грязной клетке, на полу лежал какой-то безымянный зверь среднего размера — таблички на клетке не было. Он лежал в дальнем углу, не шевелясь, хвостом к публике, мордой к нечистой стене. Не желал глядеть на людей. Презирал. Или очень давно устал жить. Марина поняла, чего она хочет: лечь с ним рядом, спиной к детям и мужу, и долго лежать так, не шевелясь.

КОММЕНТАРИИ

1. **Наталья Никитична Толстая** (внучка А.Н.Толстого) — доцент Санкт-Петербургского университета. Специалист по шведскому языку и шведской литературе. Начала писать и публиковать рассказы на шведском языке в 1991г. Предложенный рассказ написан по-русски.

2. **Алиев, Суслов и Воротников** — знаменитые революционеры и государственные деятели советского времени.

3. **доцент по Анне Зегерс** — получила звание доцента за научную работу по исследованию творчества немецкой писательницы XX века Анны Зегерс.

4. **пролив Скагеррак** — большой морской пролив в Европе.

5. **фадеевед** — специалист, который занимается изучением творчества А.Фадеева, советского писателя, автора романа «Молодая гвардия».

6. **заливаться соловьём** — говорить с увлечением, красноречиво.

7. **слышать краем уха** — слышать невнимательно, случайно, частями, урывками.

8. **начесанные «халы»** — вид причёски с высоко поднятыми волосами, сплетенными в косы в виде халы.

9. **клятва Гиппократа** — Гиппократ — древнегреческий врач, ему приписывают текст врачебной клятвы, в которой кратко формулируются моральные нормы поведения врача.

СЛОВАРЬ

датский; дания и датчане: 丹麦的，丹麦人的

дремать, –емлю, –емлешь[未]: находиться в состоянии полусна; не проявляться, не обнаруживаться, оставаться в бездействии. 假寐，打盹

машбюро: машинописное бюро. 打字室

ректорат: административно-учебное управление, возглавляемое ректором.（大学）校办

овал: очертание в виде вытянутого круга, в форме яйца. 椭圆形

прошмыгнуть [完]; прошмыгивать [未]: быстро и незаметно пройти, проскользнуть. 一溜溜过去

зашиться[完]; зашиваться[未]: делая много, не успевать делать всё, что нужно. 〈俗〉(因工作太多或者太难)应付不了，干不了

ассоциативный: основанный на связи между явлениями, предметами. 联想的

мотивировка: обоснование, объяснение. 理由，理据

отвергнуть[完]; отвергать[未]: решительно отклонить, не принять; не признать действительным, истинным. 拒绝，否决

скандинавский; скандинавский полуостров: полуостров, расположенный в северо-западной части европы. омывается баренцевым, норвежским, северным, балтийским морями. 斯堪的纳维亚半岛

костолом: болезнь, сопровождающаяся ломотой в костях. 筋骨酸痛

терзать[未]: рвать, раздирать на части; причинять физические или нравственные страдания; мучить. 〈书〉撕碎；〈转〉折磨，使苦恼

пленум: собрание в полном составе членов выборного органа какой-л. партийной, общественной, государственной организации. 全体会议

абитуриент: тот, кто поступает в высшее или среднее учебное заведение. 应届毕业生，报考高校或中等院校的人

УРОК 9

эрудиция: глубокие, основательные познания в какой-л. области знания, а также разносторонняя образованность. 〈书〉博学,学识渊博

частушка: очень короткая весёлая песенка, часто на актуальные темы. 四句头(俄民间短歌谣)

предбанник: раздевалка в бане. 浴房的更衣间

отрешённый: отчуждённый, безучастный, погруженный в себя; выражающий безразличие к окружающему; отсутствующий. 〈书〉与世隔绝的,冷漠的

примкнуть [完]; примыкать [未]: придвинуться вплотную; присоединиться к кому-л., чему-л.; стать на чью-л. сторону, разделить чьи-л. мысли, взгляды. 使紧靠;参与;附和,追随

оса: жалящее перепончатокрылое насекомое, обычно с чёрными и жёлтыми поперечными полосами. 黄蜂,胡蜂

полковник: офицерское звание в армии рангом выше подполковника и ниже генерал-майора; лицо, носящее это звание. (陆、空军)上校

мнимый: не существующий в действительности; притворный, ложный. 臆想的,虚假的

крыса: вредный грызун семейства мышей. 大老鼠

диверсант: тот, кто совершает диверсию. 阴谋破坏者

Непал: королевство Непал – государство в южной Азии, в центральной части Гималаев. граничит с Китаем и Индией. 尼泊尔

мраморный; мрамор: твёрдый камень различных цветов с красивым волнистым узором или без него, используемый обычно для скульптурных и архитектурных работ. 大理石

бубнить: говорить глухо, невнятно, монотонно; бормотать. 〈口,不赞〉唠叨,絮叨

потупиться, -плюсь, -пишься[完]; потупляться[未]: опустить вниз голову, глаза. 低下头,垂下眼

хала: продолговатый витой белый хлеб. 麻花形长白面包

график: план работ с точными показателями норм и времени выполнения. 工作表,计划表

брезгливый: испытывающий отвращение, неприязнь к грязи, нечистоплотности; выражающий отвращение, неприязнь. 嫌脏的;表示厌恶的

проткнуть[完]; протыкать[未]: ткнув, тыкая (обычно чём-л. острым) проделать дыру, отверстие. 扎透,深深刺入

отточить[完]; **оттачивать**[未]: сделать острым; заточить. 把……磨快,磨锋利

белоручка [阳,阴]: тот (та), кто избегает физического труда, трудной или грязной работы. 不愿干重活脏活的人

сводка: документ, содержащий объединённые и подобранные сведения, данные в какой-л. области деятельности. 汇报,通报,综合报告

шевелить: трогая что-л. приводить в лёгкое движение; (чем) слегка двигать. 微微动;轻轻地动

берет: мягкий, круглый головной убор без полей, свободно облегающий голову. 无檐软帽,贝雷帽

строчить: шить сплошным швом, шить на машине; быстро, наскоро писать. 密缝,用缝纫机缝;〈转〉飞速地写

невропатолог: врач – специалист в области невропатологии. 神经病学家,神经病医师

гинеколог; **гинекология**: отрасль клинической медицины, изучающая анатомо-физиологические особенности женского организма, болезни половой системы женщин, их лечение и профилактику. 妇科学

рентгенолог: врач – специалист по рентгенологии и рентгенотерапии. X射线医师

моча: жидкость, выделяемая почками как конечный продукт обмена веществ и выводимая из организма через мочеиспускательные органы. 尿

кардиограмма: графическое изображение работы сердца. 心电图

всучить[完]; **всучивать**[未]: суча, вплести; заставить взять, купить и т.п. обманом или хитростью; навязать. 捻入,捻着编入;强塞入,强使接受

ширма: складная переносная перегородка в виде рам-створок, в которых натянута материя или бумага. 围屏,屏风

валидол: лекарственный препарат (применяется как сосудорасширяющее и болеутоляющее сердечное средство). 伐力多,戊酸薄荷脑脂(心脏病用药)

сволочь: скверный, подлый человек; негодяй. 恶棍,混蛋

гуськом: один вслед за другим; вереницей. 鱼贯地,一个跟一个地

кальсоны[复], -он: длинные нижние штаны-мужское бельё. (复)男(长)衬裤

начёс: длинный ворс на ткани и трикотаже. (织物上的)长绒毛;梳好的纤维

изнывать[未]: изнемогать, испытывая физические страдания, неудобства. 疲惫不堪,难受

гулко; **гулкий**: громкий, далеко слышный, не сразу смолкающий; усиливающий звуки, имеющий сильный резонанс. 很响地;(用作谓语)回声很大

УРОК 9

поделом: так и надо, так и следует, заслуженно, справедливо. 应该；理应；活该，本该如此

ВОПРОСЫ К ТЕКСТУ

1) Как вела себя Марина Николаевна на заседании идеологической комиссии, зачем она старалась сделать специальное лицо, насколько искренними были её ответы?
2) Опишите членов партбюро факультета. Как к ним относится Марина Николаевна?
3) Дайте характеристику членам идеологической комиссии со слов Марины.
4) Как ведут себя члены парткома, как оценивает их поведения героиня?
5) Что женщин в райкоме интересует больше всего: идеология или бытовые, житейские проблемы, сплетни?
6) Что нужно сделать, чтобы получить справку о состоянии здоровья?
7) Как врачи относятся к своим пациентам? Нарушают ли они клятву Гиппократа? Приведите примеры из текста.
8) Почему Марину Николаевну не пустили за границу?

ЗАДАНИЯ

I. Объясните своими словами значение подчеркнутых слов и словосочетаний в данных высказываниях и переведите предложения на китайский язык.

1) Мечта, <u>дремавшая годами</u>, проснулась, когда на кафедру из <u>иностранного отдела</u> пришло одно место.
2) Потом стала <u>примерять их на роль мужа или любовника</u>, и дело пошло быстрее.
3) <u>От дам исходили благожелательные токи</u>, напрасно Марина беспокоилась.
4) А надо-то было <u>всего ничего</u>!
5) Райком КПСС был последним <u>барьером, который предстояло взять</u>.
6) Партком, профком и ректорат <u>поставлены в известность</u> о причинах развода

доцента Петровой и согласны с причинами развода.

7) Повторяю ещё раз. Эти четыре бланка заполняются <u>от руки</u>. На машинке нельзя! Теперь держите восемь розовых бланков, эти только <u>на машинке</u>! Указывайте <u>девичью фамилию</u> матери и жены.

8) Лаборантка <u>вернула Марину к действительности</u>.

II. Замените выделенные слова, словосочетания в данных предложениях другими, близкими по смыслу.

1) Колбаску вкусную куплю и съём. И <u>запью</u> — баночным пивом. Удобные туфли куплю, а те, что на мне, <u>костоломы</u>, выброшу в пролив Скагеррак.

2) Какие вы милые, идеологи, — думала Марина, идя домой, — не <u>терзали</u>, не <u>гоняли по пленумам</u>. <u>Дай вам бог</u> хорошей импортной краски для волос.

3) Всё это напоминало очередь на операцию: всем сейчас будет плохо — и весёлым, и <u>зелёным от страха</u>. Никто тебя не спасёт. <u>Назад дороги нет</u>. <u>Молись</u>.

4) Надо стараться <u>попасть к старикам</u>, особенно советовали полковника с военной кафедры: любит женщин <u>любого вида и возраста</u>.

5) Маринину характеристику читала дама-юрист. О <u>количестве печатных работ</u> неразборчиво бубнила, а о разводе — громким, звонким голосом.

6) Вот вы на неделю за границу уедете, а муж-то <u>справится</u> один? Шутка, поняла Марина. Надо <u>смутиться</u> и <u>потупиться</u>, <u>застесняться</u>.

7) Перед тем, как открыть дверь и <u>переступить порог</u>, Марина сделала <u>специальное лицо</u>.

8) Бабское любопытство надо удовлетворять, рассказать о личной жизни подробно, с юмором, <u>себя не жалеть</u>. Им ведь интересно послушать. После Марининых рассказов о том, кто с кем живёт, женщины <u>потеплели</u>.

III. Определите стилистическую окраску данных слов и подберите к ним общеупотребительные синонимы.

слова	стилистическая окраска	нейтральные синонимы
разреветься		
стерва		
зашиваться		

УРОК 9

бывалый		
всучить		
небось		
бесстыжие		
поделом		
девицы		
баба		
предбанник		
слыхать		
строчить		

IV. Определите и сопоставьте значения глагола *ступить* с разными приставками.

вступить – вступать, выступить – выступать, заступиться – заступаться, наступить – наступать, обступить – обступать, оступиться – оступаться, отступить – отступать, переступить – переступать, подступить – подступать, поступить – поступать, приступить – приступать, расступиться – расступаться, уступить – уступать

V. Вставьте вместо точек глагол *ступить* с разными приставками.

1) Моя сестра решила ... в общество охраны окружающей среды.

2) Чтобы лучше рассмотреть картину, нам пришлось ... на несколько шагов от неё.

3) Спускаясь с лестницы, он ..., повредил ногу и теперь хромает.

4) От обиды на глазах у ребёнка ... слёзы.

5) Когда отец сердится на сына за шалости, бабушка всегда ... за внука, говоря, что мальчик ещё маленький, что и его отец сам в детстве был таким же.

6) Отступление кончилось, и вот уже несколько дней войска победоносно ....

7) В день юбилея в адрес театра ... поздравительные письма и телеграммы.

8) После соревнований юную чемпионку ... корреспонденты.

9) К уборке помещений можно будет ..., когда закончатся все строительные работы.

3) 语言学习者面临的最大障碍就是担心说错，怕别人笑话。

4) 我无意中听说李娜要和丈夫离婚，原因是她的丈夫一心想着升迁，很少照顾家庭。

5) 马克西姆一走进家，安娜就闻到他身上散发出的浓烈的酒气。

6) 安娜强忍住心里的愤怒，干巴巴地说："明天下午两点钟我在婚姻登记处门口等你"。

7) 王成正在撰写有关日本历史的博士论文，近日他将出国搜集资料。他打算去日本的各大图书馆和博物馆看看。

8) 女人们喜欢打听别人的私事：结婚没有、有没有孩子、丈夫是做什么的等等。这种情况下最好满足女人的这种好奇心理。

9) 落到这些人手里，你就得委屈一下自己，牺牲一点儿自己的面子了。

10) 每个学校都有一个学位委员会，它一般由各学科的权威教授组成。

XIII. Переведите текст на русский язык.

上世纪八十年代，我国刚刚开始实行改革开放。出国考察和学习，出国探亲访友对于国人来说成为可能，社会上一时间形成了一股出国的热潮。在很多人的心目中，出国，特别是去大洋彼岸的那个大国，尤其是出国后再能拿到那里的绿卡，简直就成了梦寐以求的奋斗目标。有一部电视剧《北京人在纽约》就很真实地反映了这种情形。

今天的情形与那时大大不同了：很多人出国是为了增长见识，开阔眼界，他们在学成之后回到祖国，为祖国的发展做出重要贡献。更让人没想到的是有很多老外也到我们中国来增长见识，开阔眼界了。

XIV. Напишите сочинение на одну из данных тем:

1) Первая моя заграничная поездка
2) Мои впечатления о рассказе
3) Если я поеду за границу

Текст 2

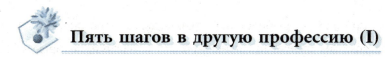

Пять шагов в другую профессию (I)

Для многих из тех, кто по той или иной причине терял работу, это событие не стало крахом карьеры. Скорее напротив: у человека неожиданно появлялся шанс начать всё сначала и открыть себя заново, и от тех, кто смог воспользоваться таким подарком судьбы, нередко можно услышать, что «потеря работы была лучшим событием в их жизни».

Но в стремлении «завязать» со старой жизнью и заняться работой «по душе» важно не позволять эмоциям завести нас далеко. Представим, что вы очень любите рыбалку и хотите открыть коммерческую рыболовную станцию. Перед тем, как продать свою квартиру и на вырученные деньги начать новый бизнес, очень важно проверить свои способности к управлению рыболовным хозяйством, убедиться в своих силах и возможностях, понять, действительно ли вы очень сильно этого хотите. Далеко не всякий сейлз-менеджер сможет стать строителем парусников.

Если вы обстоятельно подойдёте к смене профессиональной деятельности, вам придётся сделать пять следующих шагов.

Шаг первый: Разберитесь в своих желаниях и чётко ответьте на вопрос: «Чего я хочу?» Этот шаг предполагает напряжённую само-рефлексию. Надо спросить себя: «В чём заключаются мои таланты, что я умею делать хорошо?» Большинство людей не привыкли анализировать себя и обнаруживают, что это делать не так-то просто. Многие из нас умеют тщательно планировать отпуск, но не карьеру. Возможно, вам потребуется профессиональная помощь в этом деле, и здесь можно рекомендовать несколько книг, которые помогут вам обнаружить в себе скрытые возможности и уникальные таланты. В первую очередь это «Какого цвета ваш парашют» Ричарда Боллса (Richard Bolles) и «Discovering Your Career in Business» Тима Батлера и Джеймса Уолдрупа (Tim Butler and James Waldroop).

Шаг второй: Взвесьте свои желания и мечты, дайте им трезвую оценку. Это, пожалуй, главное в процессе смены рода деятельности. Наверное, ваша бабушка говорила вам: «Выбирай любую профессию, лишь бы она была тебе по душе.»

Нет сомнений, бабушка любит вас, но вам следует отнестись к её совету более обдуманно.

Вернёмся к примеру с рыболовным хозяйством. Прежде чем покупать рыболовецкий лагерь, вам следует проанализировать те навыки, которые вам могут понадобиться для того, чтобы вести это хозяйство. Сумеете ли вы залатать протекающую крышу каюты? Знаете ли, как починить внебортовые навигационные двигатели? А что насчёт ведения бухгалтерии? Как будете рекламировать свои услуги, «раскручивать» это предприятие? Сможете ли спланировать грамотную ценовую политику с учётом цен конкурентов?

Осторожность и осмотрительность будут совсем не лишними при принятии решения о смене профессии, потому необходимо дать максимально трезвую оценку своим желаниям. Можно привести аналогию с тест-драйвом автомобиля перед покупкой, во время которого вы должны пристально изучить его и выслушать тех, кто уже имеет опыт вождения этой машины.

ВОПРОСЫ К ТЕКСТУ

1) Почему некоторые люди говорят, что потеря работы была лучшим событием в их жизни?
2) Что очень важно в стремлении «завязать» со старой жизнью и заняться работой «по душе»?
3) Все ли люди хорошо знают себя и умеют анализировать себя?
4) Как можно дать трезвую оценку своим желаниям?

УРОК 10

Текст 1

Двадцать первый век

Возросла глобализация мировой экономики. Международные промышленные объединения сливаются друг с другом, становятся транснациональными и в некоторых отношениях более мощными, чем многие государства земного шара. Россия, Китай и другие страны стремятся выйти на мировой рынок. Ни одна страна не в состоянии определять свою экономическую линию независимо от положения дел в мировой торговле. Эти фундаментальные изменения произошли главным образом вследствие ускоренного развития науки и техники, особенно из-за информационной революции, приведшей к возникновению всемирной экономической и культурной информационной сети.

Перспективы лучшего будущего

- Медицинская наука значительно улучшила здоровье людей. Она научилась бороться с болью и мучениями, увеличила среднюю продолжительность жизни. Открытие антибиотиков и разработка вакцин, современные методы хирургии, анестезия, фармакология и генная инженерия[1] внесли свой вклад в развитие здравоохранения.

- Профилактические меры по охране здоровья общества, улучшенное водоснабжение и канализация значительно уменьшили риск инфекционных заболеваний. Широкое распространение терапевтических мер резко снизило детскую смертность.

- Зелёная революция[2] преобразовала пищевую промышленность и увеличила сбор зерновых, уменьшила опасность голода, повысила уровень обеспеченности людей питанием на большей части земного шара.

- Современные методы производства товаров массового потребления стали более эффективными, освободив рабочих от многих форм тяжёлого и изнурительного физического труда и сделав широко доступными выгоды и удобства потребительских товаров и услуг.

- Современные средства передвижения сократили расстояния и преобразовали общество. Автомобиль и самолёт дали людям возможность пересекать континенты, преодолевать географическую изоляцию друг от друга. Достижения в области астронавтики открыли перед человеческим родом волнующую возможность освоения космоса.

- Технические достижения подняли на высочайший уровень современные средства связи, сделав её всемирной. В дополнение к преимуществам, предоставляемым телефоном, факсом, радио, телевидением и спутниковой связью, компьютерная технология радикально преобразовала все аспекты социальной и экономической жизни. В экономически развитых странах мира нет ни одной общественной структуры, ни одной семьи, оставшихся не затронутыми информационной революцией. Сети всемирной паутины Интернета сделали возможной мгновенную связь почти с любой точкой земного шара.

- Научные открытия расширили наши знания о вселенной и о месте в ней человеческого рода. Гуманитарные исследования оказались в силах добиваться новых результатов и получать их подтверждения со стороны науки и разума, тогда как метафизические и теологические спекуляции прошлого прогрессировали весьма мало или не прогрессировали вовсе. Открытия в области астрономии и физики, теория относительности и квантовая механика подняли на новую ступень наше понимание вселенной — начиная с масштабов микрочастиц и кончая масштабами галактик. Биология и генетика внесли свой вклад в наши представления о биосфере. Теория естественного отбора Дарвина[3] помогла разобраться в том, как эволюционирует жизнь. Открытие ДНК[4], исследования в области молекулярной биологии продолжают раскрывать механизмы эволюции и самой жизни. Поведенческие и социальные науки углубили наше понимание общественных и политических институтов, законов экономики и культуры.

  В двадцатом веке произошли многие положительные социальные и

УРОК 10

политические сдвиги, и это служит хорошим предзнаменованием на будущее.

Что беспокоит людей в 21 веке?

Это выбор между цивилизацией и насилием. Выплески терроризма, локальные войны, этнический геноцид — всё это звенья одной цепи[5]. Причём нельзя искать виновных только на одной стороне... Насилие всегда порождает ответное насилие. Это горькая и проверенная тысячелетиями аксиома.

В современном мире присутствует огромный потенциал напряжения, вызванный принципиально разным типом развития разных групп государств. Это совсем не конфликт цивилизаций. Это растущий разрыв в качестве жизни, качестве экономики, качестве образования и здоровья. Это растущий разрыв в перспективах развития, перспективах будущих поколений.

В одной из зарубежных поездок мне перевели слова из телевизионного сюжета. Интервью у молодого мужчины–террориста было посвящено причинам его вступления в террористическую организацию. Ответ был простой, но если вдуматься — страшный:

«Я никогда не решился бы на убийство другого человека, даже если бы сам умер от голода. Но я больше не в силах смотреть в глаза моих голодных детей».

И это происходит в то время, когда в развитых странах мира больше людей умирает от переедания, чем от голодания.

Будет ли стабилен такой мир?

Во–вторых, противоречие между политическими интересами и нормами международного права. Сегодня ясно, что вторая половина прошлого века выработала такую правовую регуляцию[6] международных отношений, которая отвечала сложившемуся балансу сил. Также ясно, что этот баланс сил резко изменился, и это вызывает пересмотр некоторых норм международного права. И некоторые изменения в правовых подходах действительно необходимы.

В–третьих, противоречие между глобализацией и национальной государственностью. Хорошо изученный в экономике феномен глобализации[7] сегодня становится и политической повесткой дня. Грань между внутренней и внешней политикой государств сокращается как шагреневая кожа[8].

Формируется «глобальное гражданское общество». Реальная интеграция означает добровольное сужение суверенитета национальных государств, ярчайшим

145

примером чего служит объединенная Европа. Резко повысилась роль наднациональных институтов в процессе принятия решений. Всё это ставит острейшие и часто драматические вопросы перед национальными государствами.

В-четвёртых, наблюдается разрыв между технологической мощью и культурной терпимостью. Давно было замечено, что «мы не видим вещи такими, какие они есть, мы видим их такими, какие мы есть». Вся технологическая мощь современного мира от военной до информационной сферы может завести в тупик, если межкультурное взаимодействие будет носить характер столкновения, а не диалога.

1. **генная инженерия** — совокупность приёмов, методов и технологий, включающих в себя действия по перестройке генотипов.

2. **зелёная революция** — комплекс изменений в сельском хозяйстве, приведший к значительному увеличению мировой сельскохозяйственной продукции.

3. **Чарльз Роберт Дарвин** — английский натуралист и путешественник, автор книги «Происхождение видов».

4. **ДНК** — один из типов нуклеиновых кислот, обеспечивающих хранение, передачу из поколения в поколение и реализацию генетической программы.

5. **звенья одной цепи** — это всё одинаково.

6. **правовая регуляция** — подчинение определённому правовому порядку.

7. **феномен глобализации** — необычность, особенность глобализации.

8. **шагреневая кожа** — выражение взято из произведения Оноре Бальзака, в котором шагреневая кожа, своеобразный талисман, сокращалась, выполняя желания, но и сокращая жизнь.

СЛОВАРЬ

антибиотики [复]: биологически активные вещесва микробного, животного,

УРОК 10

растительного происхождения (а также синтезированные), могущие подавлять жизнеспособность микроорганизмов. 抗生素,抗菌素

вакцина: лекарственный препарат из убитых или ослабленных микроорганизмов – возбудителей инфекционных заболеваний, а также из продуктов их жизнедеятельности (применяется для профилактики и лечения этих заболеваний). 疫苗

анестезия[нэ; тэ]: обезболивание с помощью анестезирующих средств. 麻醉(法)

изнурительный: крайне утомительный, истощающий силы, доводящий до изнурения. 非常消耗体力的,令人疲惫的

континент: то же, что материк. 大陆

изоляция; изолировать: лишить соприкосновения с чем-л., отделить от чего-л. другого; отдалить от других, лишая общения с кем-л., ограждая от чего-л. 隔离,隔绝;使孤立

астронавтика: в США и некоторых других странах: космонавтика. 航天学,宇宙航行学

паутина: сеть из тонких нитей, получающихся из клейкого сока, выделяемого пауком; (в тексте) интернет. 蛛网;(本文)因特网

метафизический: отвлечённый, умозрительный, малопонятный. 形而上学的,抽象的

теологический; теология: совокупность церковных учений о боге и догмах религии. 神学

спекуляция: (чем 或 на чём) расчёт, основанный на чём-л. случайном, второстепенном; умысел, направленный на использование чего-л. в корыстных интересах; философское умозрительное построение, не подтверждаемое фактами. 投机;诡辩

квантный; квант: частица – носитель основных свойств какого-л. физического поля. 量子

механика: наука о перемещении тел в пространстве и происходящих при этом взаимодействиях между ними. 力学;机械学

микрочастица: частица с очень малой массой. 微粒子,微质点

галактика: звёздная система, к которой принадлежит солнце; система млечного пути. 〈天〉银河(系)

молекулярный; молекула: наименьшая частица вещества, обладающая всеми его химическими свойствами. 分子

сдвиг: заметное изменение (обычно улучшение) в состоянии, развитии чего-л. 进展；改进,好转

предзнаменование: признак, предвещающий близость, наступление чего-л.; предвестие, примета. 〈书〉预兆；征兆,前兆

выплеск; выплеснуть[完]; выплёскивать[未]; выплеснуться[完]; выплёскиваться[未]; вылить сразу, одним резким движением; извергнуть (пламя, потоки света и т.п.). 洒出,溅出；冒出火苗、光线等

локальный: свойственный только определённому месту, не выходящий за определённые пределы; местный. 局域的

геноцид: истребление отдельных групп населения, целых народов по политическим, расовым, национальным, этническим или религиозным мотивам. 种族灭绝,种族屠杀

звено, [复]звенья, -ев: отдельная, составная часть цепи; составная часть чего-л. целого. (链条的)一环,环节

аксиома: неоспоримое утверждение, очевидная истина. 定理；〈书〉公理,自明之理

регуляция; регулировать: подчинять определённому порядку, правилам; упорядочивать. 调节,调整

глобализация: широкое распространение влияния какого-л. процесса, явления за пределы какой-л. страны или за пределы какого-л. вида деятельности. 全球化

повестка: краткое официальное письменное извещение о вызове, явке куда-л.; перечень вопросов, выносимых на обсуждение на собрание, совещание. 通知书,传票；议事日程

грань: граница. 界限

шагреневый; шагрень: мягкая шероховатая кожа с характерным рисунком, выделанная из козьих, бараньих и других шкур. 搓纹革,起粒皮(多用软羊皮鞣制而成)

сужение; сужать[未]; сужаться[未]: делать(ся) уже, более узким. 缩小,收缩

тупик: улица, не имеющая сквозного прохода, проезда; безвыходное положение. 死胡同；〈转〉绝路,绝境

УРОК 10

ВОПРОСЫ К ТЕКСТУ

1) Что происходит с международными промышленными объединениями в эпоху глобализации?
2) От чего зависит экономическая линия всех стран мира?
3) Что привело к большим фундаментальным изменениям?
4) Как развивается медицинская наука?
5) Какие меры уменьшают риск инфекционных заболеваний?
6) Что такое «зелёная революция»?
7) Как изменились методы производства товара?
8) Как развиваются современные средства передвижения?
9) Какие современные средства связи использует человечество? Как они влияют на социальную и экономическую жизнь?
10) Что дали человечеству научные открытия?
11) Что беспокоит людей двадцать первого века?
12) Почему в современном мире присутствует огромный потенциал напряжённости?
13) Что сказал мужчина-террорист о причинах вступления в террористическую организацию?
14) Почему необходимо пересматривать некоторые нормы международного права?
15) Почему феномен глобализации становится политической повесткой дня?
16) Каким должно быть международное взаимодействие?

ЗАДАНИЯ

I. Объясните значение подчёркнутых слов и словосочетаний в данных высказываниях и переведите предложения на китайский язык.

1) Выплески терроризма, локальные войны, этнический геноцид — всё это <u>звенья одной цепи</u>. Причём нельзя <u>искать виновных только на одной стороне</u>... Насилие всегда порождает <u>ответное насилие</u>. Это <u>горькая и проверенная тысячелетиями аксиома</u>.

2) Я никогда не <u>решился бы на убийство</u> другого человека, даже если бы сам умер от голода. Но я больше <u>не в силах</u> смотреть в глаза моих голодных детей.

3) И это происходит <u>в то время, когда</u> в развитых странах мира <u>больше людей умирает от переедания, чем от голодания</u>.

4) Также ясно, что этот <u>баланс сил</u> резко изменился, и это <u>вызывает пересмотр</u> некоторых норм международного права.

5) <u>Наблюдается разрыв</u> между технологической мощью и <u>культурной терпимостью</u>.

6) Мы не видим вещи такими, какие они есть, <u>мы видим их такими, какие мы есть</u>.

7) Современные методы производства <u>товаров массового потребления</u> стали более эффективными, <u>освободив рабочих от многих форм</u> тяжёлого и изнурительного физического труда и <u>сделав широко доступными</u> выгоды и удобства потребительских товаров и услуг.

8) В <u>экономически развитых странах</u> мира нет ни одной общественной структуры, ни одной семьи, <u>оставшихся не затронутыми</u> информационной революцией.

II. Замените выделенные слова, словосочетания в данных предложениях другими, близкими по смыслу.

1) Международные промышленные объединения <u>сливаются друг с другом</u>, становятся транснациональными и <u>в некоторых отношениях</u> более мощными, чем многие государства <u>земного шара</u>.

2) Эти <u>фундаментальные изменения</u> произошли главным образом <u>вследствие</u> ускоренного развития науки и техники, особенно из-за информационной революции, <u>приведшей к возникновению</u> всемирной экономической и культурной информационной сети.

3) Современные <u>средства передвижения</u> сократили расстояния и <u>преобразовали</u> общество. Автомобиль и самолёт <u>дали людям возможность</u> пересекать континенты, <u>преодолевать географическую изоляцию</u> друг от друга.

4) <u>Формируется</u> «глобальное гражданское общество». Реальная интеграция означает добровольное <u>сужение суверенитета национальных государств</u>,

УРОК 10

ярчайшим примером чего служит объединенная Европа.

5) Гуманитарные исследования оказались в силах добиваться новых результатов и получать их подтверждения со стороны науки и разума, тогда как метафизические и теологические спекуляции прошлого прогрессировали весьма мало или не прогрессировали вовсе.

6) Интервью у молодого мужчины-террориста было посвящено причинам его вступления в террористическую организацию.

7) Теория естественного отбора Дарвина помогла разобраться в том, как эволюционирует жизнь.

8) Вся технологическая мощь современного мира может завести в тупик, если межкультурное взаимодействие будет носить характер столкновения, а не диалога.

III. Подберите антонимы и синонимы к данным словам.

слова	антонимы	синонимы
общительность		
надежный		
негативный		
постоянно		
яркий		
болтливый		
энергичный.		
подобный		
стремительный		
прилежный		
ловкий		
хитрый		
жестокий		
глупый		
благородный		
признательный		

IV. Заполните пропуски, используя следующие слова для справок.

Слова для справок:

смелый, храбрый, отважный, мужественный, бесстрашный, неустрашимый

Если в этом синонимическом ряде носителем общего значения является _____, то _____ — активно смелый, не боящийся опасности, идущий навстречу ей. _____ — очень смелый, готовый совершить поступок, требующий бесстрашия. _____ — не теряющий присутствие духа перед лицом опасности. _____ — чрезвычайно смелый, не знающий страха. _____ — такой, которого ничто не устрашит.

V. Определите и сопоставьте значения глагола *работать* с разными приставками.

выработать – вырабатывать, доработать – дорабатывать, заработать – зарабатывать, заработаться, обработать – обрабатывать, отработать – отрабатывать, переработать – перерабатывать, проработать – прорабатывать, разработать – разрабатывать

VI. Вставьте вместо точек глагол *работать* с разными приставками.

1) После разговора с научным руководителем аспирант решил в корне ... первую главу своей диссертации.

2) Рана быстро заживёт, если её сразу ... перекисью водорода или йодом.

3) Городские коммунальщики предлагают горожанам, накопившим задолженность по квартплате, ... долг, устроившись работать на предприятие ЖКХ.

4) Маршрут туристического похода мы ... вместе, а уточнять его, ... в деталях поручили Борису.

5) Работа над новым проектом шла быстро, потому что коллектив ... и все понимали друг друга с полуслова.

6) Мы вместе топили печи, кололи дрова, даже мыли посуду. Словом, я с лихвой ... те обеды, которыми угощала меня старушка.

7) Каждый человек должен ... в себе силу воли, трудолюбие, настойчивость в достижении цели.

8) Профессор ... новую теорию и изложил её в книге.

9) Статистические данные, полученные при переписи населения, ... компьютер.

УРОК 10

VII. Закончите высказывания, употребляя глаголы, данные в скобках.

1) Прежде чем писать курсовую работу о творчестве Владимира Маяковского, студент... (проработать)

2) Вот вам основа проекта, а вы в деталях ... (разрабатывать)

3) Для того чтобы получить из фруктов соки, джемы, варенье, ... (переработать)

4) Многие ошибочно думают, что деньги в Сети ... (зарабатывать)

5) Старому учителю жить на пенсию трудно, ...(подрабатывать)

6) Завтра мы уже должны сообщить о предстоящем собрании, а ещё нет точной повестки дня ... (выработать)

7) Пьеса вызвала большой интерес, но ... (доработать)

VIII. Переведите предложения на русский язык.

1) 随着全球经济一体化的发展，不同国家、不同民族、不同文化之间的联系越来越密切，我们的地球正在变成一个大村庄，全世界的人都将成为邻居。

2) 电子计算技术除了给我们带来一系列工作上的方便之外，还给我们提供了众多的娱乐方式。

3) 物质文明极大地改变了人的生活方式。今天，地球上几乎没有一个角落没受到文明的侵染。

4) 有时候我们能看见一些有趣的现象，比如一个身着袈裟的老和尚会突然拿出手机打电话，在一个大山深处的农家小院里能看见麦当娜的演出剧照。

5) 中国目前已经成为世界制造业的领军者，但是我们不应满足于制造，我们应该在提高制造水平的同时，不断提升自己的创新能力，将众多的中国制造变为更多的中国创造。

6) 勤劳勇敢智慧的中国人曾经为人类的发展做出过重要贡献。他还将创造更多的奇迹，为构建和谐的世界贡献自己的力量。

7) 上海合作组织为国际上其他国家和地区进行区域间合作提供了典范。

8) 这台晚会是中印两国艺术家们献给中印建交六十周年纪念日的最好礼物。

9) 发达国家和发展中国家开展合作是互惠互利的事情，如果仅仅把这种合作视为是发达国家对发展中国家的帮助，那这种合作迟早要走入死胡同。

10) 任何一个国家，不管它有多么强大，多么发达，都无力独自解决当今世界所面对的一个大问题：恐怖主义。

IX. Прочитайте текст и переведите его на китайский язык.

Несколько слов о Шукшине

Говоря о Шукшине, как-то даже неловко упоминать об органической связи его с народом России. Да ведь он сам и есть этот народ-труженик, вышедший на новую дорогу жизни и полностью творчески осознавший себя, своё бытие. Осознавший глубинно.

Бескомпромиссное, гневное, яростное обличение того, что мешает добру и свету, и радостное приятие, ответное сияние навстречу тому, что утвердилось верно и хорошо, — таков был Шукшин в творчестве. Его собственное духовное становление, рост личности неотъемлемы от все более глубоких постижений таланта — актёрских ролей, режиссуры и писательской, чисто литературной работы. Все вместе это являло собою целостный непрерывный процесс. Я предлагаю разложить этот процесс на удобные для рассмотрения «составляющие», если мы хотим постигнуть тайну жизненности его дарования.

Сам художник незадолго до своей смерти, как известно, вроде бы даже и склонен был многое пересмотреть в своём творческом сосуществовании, чтобы выбрать для себя наконец что-то одно. Эту ориентацию на зрелость, на завершение поиска подсказали Шукшину Шолохов и Бондарчук, когда артист, создавая образ солдата Лопахина в фильме «Они сражались за Родину», получил возможность сполна постичь и выразить ещё одно и, пожалуй, наиболее дорогое в нём для всех народное качество — чистейший, беспримесный и предельно скромный героизм человека нынешнего. Героический характер человека-борца, сознающего себя сегодня мыслящей, активной, деятельной частью народа, частью Родины, а потому и идущего на подвиг, на борьбу за неё осознанно — во весь рост.

X. Прокомментируйте следующие словосочетания и переведите их на китайский язык.

1) глобализация мировой экономики
2) фундаментальные изменения
3) средняя продолжительность жизни
4) улучшенное водоснабжение и канализация
5) риск инфекционных заболеваний

6) выгоды и удобства потребительских товаров

7) географическая изоляция

8) поведенческие и социальные науки

9) предзнаменование на будущее

10) терапевтические меры

XI. Продолжите данные высказывания, используя информацию из текста.

1) Медицинская наука значительно улучшила здоровье людей.

2) Современные средства передвижения сократили расстояния.

3) Научные открытия расширили наши знания о вселенной.

4) В современном мире присутствует огромный потенциал напряжения.

5) Необходим пересмотр некоторых норм международного права.

6) Формируется «глобальное гражданское общество».

XII. Как вы понимаете высказывание «Маленькое дело лучше большого безделья»? Проведите дискуссию на эту тему.

XIII. Напишите сочинение на тему:

Что беспокоит нас в двадцать первом веке?

Текст 2

Пять шагов в другую профессию (II)

Шаг третий: Расскажите о своём желании сменить профессию другим. Карьерные амбиции не воплощаются в вакууме. Очень полезно не только вербализировать ваши желания, но и озвучить их на людях и послушать, что скажут окружающие. Когда мы «вытаскиваем» наружу наши желания и выносим их на сознательный уровень, они приобретают более реальный и осознанный характер.

Для тех, кто уже покинул работу, друзья и семья — лучший круг для обсуждения. С одной стороны, вас могут поддержать в ваших намерениях, но

могут и сдержать ваш порыв и предотвратить необдуманный шаг. Если же вы все ещё работаете на прежнем месте, но чувствуете, что пора менять род деятельности, можно рекомендовать вам поговорить с работодателем. Этот разговор будет полезен и для вас, и для него. В наше время, когда во многих компаниях идут процессы сокращений штата и слияний с другими корпорациями, многие сотрудники чувствуют себя уязвимыми. Поэтому компании больше не надеются на непоколебимую лояльность своих работников, которые знают, что должны сами отвечать за своё будущее. Если вы и ваш работодатель вместе взвесите ваши желания, мечты и цели, у вас есть шанс обрести будущее прямо в той компании, где вы уже работаете.

Шаг четвертый: «Just Do It» — действуйте! Если вы взвесили все «за» и «против», трезво оценили свои возможности и убедились в том, что вполне способны сделать карьерный переход, то решайтесь. Поскольку овладеть новым родом деятельности и при этом сохранить «плацдарм» на старой не получится, вы должны понимать, что в любом случае идете на определённый риск. Вы должны полностью посвятить себя работе, в которой можете проявить ваши замечательные таланты и воплотить личную жизненную миссию. С другой стороны, если выражаться спортивным языком, трудно встать в новую позицию, если вывихнута лодыжка. Поэтому не делайте ход, если не уверены, что он будет окончательным. Возможно, год-другой вам придётся посвятить себя учёбе или стать «подмастерьем», прежде чем вы сможете окунуться с головой в новую работу.

Не исключено, что у вас не получится строить парусники, зато вы сумеете хорошо их продавать или писать о них, или же успешно займетесь HR-деятельностью в корабельной компании. Всегда можно применить старые навыки в новой области.

Шаг пятый: Обновите свои предпочтения. На этом этапе вы можете прийти к необходимости пересмотреть свои первоначальные намерения, если они не дали ожидаемых результатов.

Один инженер в производственной компании любил свою работу, но однажды ему захотелось зарабатывать больше денег для семьи. Решив, что позиция менеджера поможет ему достичь желаемого, он высказал начальству намерение занять более ответственную должность. Поскольку его репутация была безупречна, ему пошли навстречу и дали руководящую должность. Вскоре он стал вице-президентом компании. Однако через некоторое время он обнаружил, что в новой роли ему не слишком комфортно. Ему пришлось часто ездить в Китай и подолгу жить там вдали от семьи. Кроме того, на него возложили решение вопросов, связанных с наймом сотрудников. Ему пришлось посещать совещания топ-менеджмента, представлять компанию на благотворительных акциях и других общественных мероприятиях. Но хуже всего то, что он не имел возможности делать что-либо по инженерной части. Тогда он осознал свою ошибку и принял нестандартное решение вернуться на старую позицию. При более внимательном анализе своих качеств и предпочтений он мог бы найти иной, менее болезненный вариант развития своей карьеры.

ВОПРОСЫ К ТЕКСТУ

1) Почему нам нужно рассказать другим о своём желании сменить профессию?
2) Какое качество очень важно после принятия решения?
3) Что надо делать, если первоначальные намерения не дали ожидаемых результатов?
4) Почему этот инженер вернулся на старую, более низкую позицию?

СЛОВАРЬ

А
аббревиатура (4)
абитуриент (9)
авангард (4)
адаптировать (7)
аксиома (10)
алкоголик (2)
анестезия (10)
антибиотики (10)
антипод (7)
ассоциативный (9)
астронавтика (10)
аттестат (5)

Б
бакалавриат (5)
банальный (1)
барби (3)
безмятежный (6)
белоручка (9)
берет (9)
блондинка (6)
богослов (4)
бранный (4)
брезгливый (9)
бросовый (6)
бросок (6)
бубнить (9)
бука (7)
бунтовать (7)

В
вакцина (10)
валидол (9)
ввинчиваться (6)
ведомый (8)
велик (3)
взбодрить; взбадривать (7)
виртуальный (8)
внушить; внушать (7)
вожжи (6)
возвыситься; возвышаться (4)
восприятие (7)
вписаться; вписываться (7)

вспыльчивый (7)
встрять; встревать (7)
всучить; всучивать (9)
вывеска (4)
выплеск (10)
выстроить; выстраивать (8)
выудить; выуживать (8)
вялый (7)

Г
Галактика (10)
гедонист (1)
генетический (7)
геноцид (10)
гены (1)
гинеколог (9)
глобализация (10)
гнилостный (4)
грань (10)
график (9)
гулко (9)
гуськом (9)

Д
датский (9)
дедовщина (6)
деликатный (6)
джакузи (3)
диверсант (9)
диета (6)
династия (4)
дипломированный (5)
дистанционный (5)
доза (1)
дремать (9)
дуга (8)

Ж
живчик (7)
жидкокристаллический (3)
журчать (6)

З
забвением (1)
задрать; задирать (4)
заимствование (4)

замаячить (6)
замкнутый (7)
замкнуться; замыкаться (7)
заочный (5)
заплатка (3)
засосать; засасывать (8)
заторможенный (7)
затрещина (6)
зашиться; зашиваться (9)
звено (10)
змеиный (6)

И
играючи (8)
идеологический (4)
изжить; изживать (2)
изнурительный (10)
изнывать (9)
изогнуть; изгибать (8)
изоляция (10)
израсходовать; расходовать (7)
иммунодефицит (6)
инженерия (1)
инициировать (2)
интеграция (4)
интеллектуальный (5)
инъекция (1)
искажать; исказить (2)
исконный (4)
итоговый (5)

К
кайфовать (6)
кальсоны (9)
капилляр (6)
кардинально (4)
кардиограмма (9)
квалификация (5)
квантный (10)
кинуть; кидать (8)
кладовка (8)
клокотать (7)
колледж (5)
колокольчик (7)

СЛОВАРЬ

комплекс	(2)	нападки	(7)	пленум	(9)
компромисс	(8)	наравне	(5)	пнуть; пинать	(3)
констатировать	(5)	наркомания	(1)	повестка	(10)
континент	(10)	наследственность	(7)	повод	(7)
кооператив	(6)	настороженность	(7)	поделом	(9)
коррекция	(5)	насущный	(1)	подержанный	(3)
косметика	(3)	нацеленный	(5)	подразумевать	(7)
коснуться / прикоснуться	(8)	начёс	(9)	подростковый	(7)
костолом	(9)	невропатолог	(9)	позитивный	(4)
краеведческий	(4)	невротика	(7)	позиционирование	(8)
крайность	(7)	негативно	(4)	поисковик	(8)
крыса	(9)	недюжинный	(7)	покалечить	(6)
		неоднозначный	(1)	покатый	(8)
Л		неотступно	(8)	полковник	(9)
левый	(3)	Непал	(9)	попискивать	(7)
лицей	(5)	нервотрёпка	(3)	порнография	(4)
логически	(5)	неудовлетворительный	(5)	посадить; сажать	(7)
локальный	(10)	новационный	(4)	потакать	(1)
		новояз	(4)	потенциал	(5)
М		норовить	(6)	потупиться	(9)
магистратура	(5)			превалировать	(4)
максимализм	(1)	**О**		предбанник	(9)
мандрожировать	(7)	обстановка	(7)	предзнаменование	(10)
манёвренность	(6)	общеобразовательный	(5)	предпосылка	(7)
маникюр	(3)	овал	(9)	предприимчивый	(1)
матрас	(6)	одночасье	(6)	предсказать; предсказывать	(7)
машбюро	(9)	одуванчик	(3)	претендент	(6)
междометие	(4)	оптимальный	(5)	привиться; прививаться	(5)
меланхолик	(7)	оса	(9)	прижаться; прижиматься	(7)
метафизический	(10)	отвергнуть; отвергать	(9)	прикладной	(5)
метнуться; метаться	(6)	отвернуться; отворачиваться	(7)	прикоснуться; прикасаться	(8)
механика	(10)	отвлечь; отвлекать	(7)	примитивный	(4)
мизерный	(3)	отводок	(6)	примкнуть; примыкать	(9)
микрочастица	(10)	отклонение	(5)	приобрести; приобретать	(8)
младенчество	(7)	отметка	(5)	приобщение	(5)
мнимый	(9)	отпрыск	(8)	прислониться; прислоняться	(7)
многоэтажка	(3)	отрешённый	(9)	пристанище	(6)
молекулярный	(10)	отсек	(6)	пристрастие	(5)
монитор	(8)	отточить; оттачивать	(9)	присущий	(4)
моралист	(2)	отучить; отучивать	(8)	притушить	(7)
морг	(6)	очный	(5)	притязание	(1)
мотивировка	(9)			провещать; вещать	(2)
моторный	(7)	**П**		проворный	(6)
моча	(9)	парадокс	(7)	продуманный	(7)
мраморный	(9)	параллельно	(4)	прожорливый	(6)
		паркет	(3)	прореагировать; реагировать	(7)
Н		паутина	(10)	просочиться; просачиваться	(6)
наверняка	(8)	пепел	(6)	проткнуть; протыкать	(9)
навязчивый	(1)	перемолоться; перемалываться	(2)		
накопить; накоплять; накапливать	(7)	перетечь; перетекать	(6)		

159

профильный	(5)	сориентировать; ориентировать	(5)	феминист	(2)
прошмыгнуть; прошмыгивать	(9)	спектр	(4)	флегматик	(7)
пунктир	(3)	спекуляция	(10)	фундаментальный	(5)

Р

Х

радикальный	(2)	специфичный	(4)	хала	(9)
радуга	(4)	сплясать; плясать	(3)	хамство	(1)
развеселить; развеселять	(7)	споткнуться; спотыкаться	(8)	холерик	(7)
разжевать; разжёвывать	(7)	справить; справлять	(4)	хохот	(6)
разувериться; разуверяться	(1)	стабилизировать	(2)	хрупкий	(6)
ранец	(3)	стильный	(3)		
распахнуть; распахивать	(7)	строчить	(9)		
рациональный	(2)	сужение	(10)		

Ц

регуляция	(10)			ценз	(5)

Т

Ч

ректорат	(9)	телик	(3)	чадо	(8)
рентгенолог	(9)	темперамент	(7)	частушка	(9)
росток	(2)	теологический	(10)	черенок	(6)
русалочий	(6)	терзать	(9)	чесаться	(6)

С

		терминология	(5)	честолюбивый	(1)
салон	(3)	техник	(5)	четверть	(5)
самотёк	(8)	техникум	(5)		

Ш

сангвиник	(7)	тихоня	(7)	шабаш	(6)
санитар	(3)	троечник	(7)	шагреневый	(10)
сверстник	(1)	трофей	(4)	шевелить	(9)
свидетельство	(5)	тупик	(10)	ширма	(9)
сводка	(9)	тщеславный	(1)	шлёпать	(6)
свойство	(7)	тыл	(7)	штамп	(2)

У

Щ

сволочь	(9)			щёлкнуть; щелкать	(8)
сгладить; сглаживать	(7)	узаконить; узаконивать	(5)	щенок	(7)
сдвиг	(10)	уклон	(4)		

Э

скандинавский	(9)	укорениться; укореняться	(1)	эволюция	(4)
скептически	(6)	улетучиться; улетучиваться	(6)	эдакий	(7)
склониться; склоняться	(7)	урод	(2)	экстернат	(5)
слюна	(6)	усмотрение	(5)	эмансипировать	(2)
соблазниться; соблазняться	(1)	утомительный	(7)	эрудиция	(9)
собственный	(7)	учёт	(5)	эстетический	(4)

Ф

сокровищница	(4)			этак	(8)
соня	(7)	фата	(2)		